Zimtduft und warmer Apfelkuchen

Zimtduft und warmer Apfelkuchen

Fruchtige Köstlichkeiten für die kalte Jahreszeit

Jan Thorbecke Verlag

Aus dem Englischen von Renate Christ

Bibliografische Information der Deutschen Nationalbibliothek
Die Deutsche Nationalbibliothek verzeichnet diese Publikation in der Deutschen Nationalbibliografie; detaillierte bibliografische Daten sind im Internet über http://dnb.d-nb.de abrufbar.

Für die englische Ausgabe:
Senior Designer: Iona Hoyle
Commissioning Editor: Julia Charles
Production: Toby Marshall
Art Director: Leslie Harrington
Publishing Director: Alison Starling

Printed in China
ISBN 978-3-7995-3576-2

Allgemeine Hinweise

- Wenn nicht anders angegeben, beziehen sich alle Maßangaben mit Löffeln auf gestrichene Löffel.
- Wenn nicht anders angegeben, werden mittelgroße Eier verwendet. Wir empfehlen, Eier aus Freilandhaltung zu verwenden. Rohe oder nicht vollständig durchgegarte Eier sollten kleinen Kindern, alten Menschen, Menschen mit geschwächtem Immunsystem und Schwangeren nicht zum Verzehr angeboten werden.
- Wenn in einem Rezept die geriebene Schale von Zitronen oder Limetten verwendet wird, dann kaufen Sie ungewachste Früchte und waschen Sie sie gründlich. Wenn Sie nur behandelte Früchte finden können, dann schrubben Sie sie gründlich in warmem Seifenwasser ab.
- Der Backofen sollte auf die angegebene Temperatur vorgeheizt werden. Die Rezepte in diesem Buch wurden unter Verwendung eines herkömmlichen Backofens erprobt. Wenn Sie einen Umluft- oder Gasbackofen verwenden, dann befolgen Sie die Hinweise des Herstellers, um die Temperatur anzupassen.

Inhalt

Einführung

Was könnte verführerischer sein und besser dazu geeignet, einem kalten Wintertag die Schärfe zu nehmen, als ein ofenwarmer Apple Crumble oder ein saftiger, brodelnder Brombeer-Cobbler? Einfach, köstlich und heiß geliebt – diese altmodischen Süßspeisen mit Früchten erfahren gerade ein längst überfälliges Revival. In dieser Rezeptsammlung sind alle Ihre Lieblingsdesserts vereint. Ob Sie nun auf der Suche nach dem perfekten Abschluss für ein Menü sind oder nach einer Leckerei als Belohnung für einen anstrengenden Arbeitstag – diese schnell und leicht zuzubereitenden Gerichte werden bald zu Ihren Favoriten zählen.

Alle diese Fruchtdesserts aus alten Zeiten besitzen unterschiedliche Namen, aber was sie gemeinsam haben, ist, dass sie einfache Gerichte aus Früchten der Saison sind, bei denen es mehr auf gute und frische Zutaten ankommt als auf eine ausgefallene Zubereitungsart. Ein *Crumble* ist das klassische britische Seelenfutter: Früchte, die mit auf der Zunge zergehenden Streuseln überbacken werden. Ein *Betty* ist ein klassischer amerikanischer Auflauf, bei dem gezuckerte Früchte und gebutterte Semmelbrösel abwechselnd geschichtet werden. Das Gericht wurde erfunden, um altbackenes Brot aufzubrauchen. Ein weiteres Gericht aus den USA mit Kultstatus ist der *Cobbler*, der im Wesentlichen aus gekochtem Obst besteht, das vor dem Backen mit Teigklumpen belegt wird. Man sagt, das Gericht hätte seinen Namen daher, dass der gebackene Teig an Pflastersteine erinnert (= cobblestones). Ein *Clafoutis* ist eine französische Nachspeise, bei der frische Früchte in einer gehaltvollen Eiercreme gebacken werden. Ein *Slump* ist ebenfalls ein Dessert mit dickflüssigem Teig, wird aber, anders als ein Clafoutis, meistens – zumindest zu Beginn – in einer Backform auf dem Herd gegart statt im Backofen. Rezepte für *Crisps* lassen Raum für Interpretationen, aber sie sind oft einfache Aufläufe mit Obst, die mit einem Streuselteig aus Keks- oder Gebäckkrümeln überbacken werden. Das Gericht mit dem merkwürdigen Namen *Pandowdy* ist ein gestürzter Obstkuchen mit einer Teigkruste, die nach dem Backen mit einem Löffel aufgebrochen wird. Außerdem finden Sie großartige Rezepte für anderes beliebtes Gebäck mit Obst wie Pies, Tartes und Strudel sowie ein paar köstliche saftige Kuchen.

Es geht nichts über einen hausgemachten Obstauflauf, also holen Sie sich mit einem dieser klassischen Rezepte ein wenig Nostalgie in Ihre Küche!

Crumbles und mehr

Es gibt für Äpfel keine besseren Partner als reife, saftige Brombeeren. Ofenwarm mit einer Kugel Vanilleeis serviert, schmeckt dieses Dessert einfach göttlich. Sollte etwas übrig bleiben, können Sie es mit griechischem Joghurt zum Frühstück genießen.

Apfel-Brombeer-Crumble

Den Backofen auf 200 °C vorheizen.

Die Äpfel, die Brombeeren und den Zucker in einer Schüssel mit den Händen gut vermischen. In die vorbereitete Auflaufform geben.

Für den Streuselteig Haferflocken, Mehl, Zucker, Mandeln und Zimt in einer Schüssel gut vermischen. Die Butter hinzufügen und das Ganze mit den Fingerspitzen zu groben Krümeln verarbeiten. Die Streusel können auch in der Küchenmaschine hergestellt werden, indem man die Zutaten unter Verwendung der Momentstufe vorsichtig vermischt. Nicht zu lange mixen, damit die Haferflocken nicht zu fein vermahlen werden.

Den Teig gleichmäßig über der Apfel-Brombeer-Mischung verteilen. Im vorgeheizten Backofen 35–45 Minuten lang backen, bis die Streusel goldbraun sind und die Obstmasse brodelt. Noch warm mit Vanilleeis servieren.

900 g Äpfel verschiedener Sorten, geschält, entkernt und klein geschnitten

450 g Brombeeren

50 g extrafeiner Zucker

Vanilleeis zum Servieren

Für den Streuselteig:

80 g Haferflocken

140 g Mehl

80 g feiner Roh-Rohrzucker

80 g gemahlene Mandeln

½ Teelöffel gemahlener Zimt

150 g kalte Butter in Stückchen

eine mittelgroße feuerfeste Auflaufform oder 4–6 einzelne Förmchen, gut gebuttert

4–6 Portionen

Weil frische Beeren auch so, wie sie sind, sehr lecker schmecken, ist man versucht, gar nicht so viel mit ihnen anzustellen. Nichtsdestotrotz machen sie sich auch sehr gut in einem Crumble. Das blumige Aroma von Brombeeren lässt sich durch einen kleinen Spritzer Rosenwasser oder Orangenblütenessenz noch verstärken. Denken Sie immer daran, wenn Sie mit roten Beeren kochen oder diese servieren.

Brombeer-Crumble

375 g Brombeeren
1 Esslöffel extrafeiner Zucker
1 Teelöffel Stärkemehl

Für den Streuselteig:
130 g Mehl
75 g kalte Butter in Stückchen
60 g feiner Roh-Rohrzucker
kalte Sahne zum Servieren

eine mittelgroße feuerfeste Auflaufform, leicht gebuttert

4 Portionen

Den Backofen auf 180 °C vorheizen.

Die Brombeeren mit dem extrafeinen Zucker und dem Stärkemehl in eine Schüssel geben und rütteln, um alles miteinander zu vermischen. Die Beeren in die vorbereitete Auflaufform geben und für 15–20 Minuten beiseite stellen.

Mehl und Butter in eine Schüssel geben und mit den Fingerspitzen zu groben Krümeln verarbeiten. Den Roh-Rohrzucker einrühren.

Die Brösel gleichmäßig über den Beeren verteilen und das Ganze im vorgeheizten Backofen 45–50 Minuten lang backen, bis die Oberfläche goldbraun ist. Den Auflauf etwas abkühlen lassen und mit Sahne servieren.

Gekochte Pflaumen besitzen einen so intensiven Geschmack, dass sie eigentlich wenige bis gar keine weiteren Aromen als Begleiter benötigen – außer vielleicht eine Prise Zimt. Sie können dieses Gericht auch mit gelben Pflaumen, Renekloden oder Mirabellen zubereiten – sie schmecken alle gleichermaßen köstlich. Wenn Sie etwas ganz Besonderes möchten, dann können Sie die ungekochten Pflaumen in etwas Damaszenerpflaumen- oder Schlehenlikör tränken.

Einfacher Pflaumen-Crumble

8–10 reife Pflaumen

4–5 Esslöffel Zucker

kalte Sahne zum Servieren

Für den Streuselteig:

75 g kalte Butter in Stückchen

175 g Mehl

1 Prise Salz

50 g extrafeiner Zucker

eine mittelgroße feuerfeste Auflaufform, gebuttert

4–6 Portionen

Den Backofen auf 180 °C vorheizen und auf der mittleren Schiene ein Backblech mit erhitzen.

Die Pflaumen halbieren und die Steine entfernen. Sehr große Pflaumen sollten geviertelt werden. Mit dem Zucker vermischen und in die vorbereitete Auflaufform geben.

Für die Streusel die Butter, das Salz und das Mehl mit den Fingerspitzen zu groben Krümeln verarbeiten. Dazu kann man auch eine Küchenmaschine verwenden. Den Zucker einrühren.

Den Streuselteig gleichmäßig über die Pflaumen streuen. Die Auflaufform auf das heiße Backblech stellen und im vorgeheizten Backofen 40–45 Minuten lang backen, bis die Streusel goldbraun sind.

Aus dem Backofen nehmen und noch warm mit Sahne servieren.

Dieser herrliche Auflauf ist raffiniert genug für eine schicke Dinnerparty. Schokolade und Birnen sind wie füreinander gemacht: Die Schokolade schmilzt und verbindet sich mit dem Saft der Birnen zu einer köstlichen Soße. Der Pumpernickel gibt einen interessanten, knusprigen Streuselteig ab und verleiht dem Dessert ein dramatisches Aussehen.

Birnen-Schokoladen-Crumble

2–3 große, nicht zu reife Birnen

50 g extrafeiner Zucker

2–3 Esslöffel Trinkschokolade (kein ungesüßter Kakao) oder geriebene dunkle Schokolade

fein geriebene Schale einer halben Zitrone

Schokoladeneis oder kalte Sahne zum Servieren

Für den Pumpernickel-Streuselteig:

100 g Pumpernickel in Scheiben

100 g altbackenes Vollkornbrot

4 Esslöffel Trinkschokolade (kein ungesüßter Kakao) oder geriebene dunkle Schokolade

50 g kalte Butter in Stückchen

75 g Demerera-Zucker

eine mittelgroße feuerfeste Auflaufform, gebuttert

4 Portionen

Den Backofen auf 180 °C vorheizen und auf der mittleren Schiene ein Backblech mit erhitzen.

Die Birnen schälen, entkernen, in Scheiben schneiden und in die vorbereitete Auflaufform geben, so dass diese zu zwei Dritteln gefüllt ist. Den Zucker, die Trinkschokolade und die Zitronenschale darüber streuen und gründlich mit den Birnen vermischen. Bedecken und beiseite stellen.

Für den Streuselteig die Pumpernickel- und Brotscheiben in Stücke zupfen und in die Schüssel einer Küchenmaschine geben. Ungefähr eine Minute lang mixen, bis das Brot sehr grob zerkrümelt ist. Die Trinkschokolade, die Butter und den Zucker hinzufügen und ungefähr eine weitere Minute lang mixen, bis sich feinere Krümel bilden. Nicht zu lange mixen, sonst wird die Masse zu einem festen Klumpen.

Die Birnen abdecken und gleichmäßig mit der Pumpernickelmischung bestreuen. Die Auflaufform auf das heiße Backblech stellen und im vorgeheizten Backofen 25–30 Minuten lang backen, bis die Birnen sehr weich sind und der Streuselteig knusprig ist.

Aus dem Backofen nehmen und noch warm mit Schokoladeneis oder Sahne servieren.

Stachelbeeren scheinen eine natürliche Affinität zu Ingwer zu haben. Ingwerwein ist für sich alleine schon ein köstlicher Tropfen, aber er verstärkt auch wunderbar den Geschmack von Stachelbeeren. Am besten kocht man die Früchte vorab ein wenig, damit sie Saft ziehen (weil sonst der Auflauf zu nass und matschig würde). Sie können die Flüssigkeit jedoch getrost aufheben, warm machen und zusammen mit dem fertigen Auflauf servieren.

Stachelbeer-Ingwer-Crumble

900 g Stachelbeeren, geputzt

3 Esslöffel Ingwerwein

125 g extrafeiner Zucker

Crème double zum Servieren

Für den Ingwer-Streuselteig:

200 g Mehl

1 Teelöffel gemahlener Ingwer

1 Prise Salz

100 g kalte Butter in Stückchen

100 g extrafeiner Zucker

eine mittelgroße feuerfeste Auflaufform oder 4 einzelne Förmchen, gut gebuttert

4 Portionen

Den Backofen auf 190 °C vorheizen und auf der mittleren Schiene ein Backblech mit erhitzen.

Die Stachelbeeren in einen säurebeständigen Kochtopf geben, den Ingwerwein und Zucker hinzufügen und sanft köcheln, bis die Beeren anfangen aufzuplatzen. Vom Herd nehmen und die Stachelbeeren in ein Sieb über einem sauberen Topf gießen, um den Saft aufzufangen. Die Stachelbeeren in einer Schicht in die vorbereitete Auflaufform füllen. Den Saft für später aufheben.

Für den Streuselteig das Mehl, den Ingwer, das Salz und die Butter in einer Küchenmaschine zu groben Krümeln verarbeiten. (Das geht auch von Hand.) Die Mischung in eine Rührschüssel umfüllen und den Zucker einrühren.

Den Teig gleichmäßig über den Stachelbeeren verteilen, zur Mitte hin etwas aufhäufen. Die Auflaufform auf das heiße Backblech stellen und im vorgeheizten Backofen ca. 25 Minuten lang backen, bis die Streusel knusprig und goldbraun sind.

Aus dem Backofen nehmen und 5 Minuten lang abkühlen lassen. Mit dem aufgewärmten Stachelbeersaft und Crème double servieren.

Crumbles gelten normalerweise als wärmende winterliche Aufläufe, aber diese köstlich leichte, nussige Version macht das Beste aus saftigen sommerlichen Nektarinen. Für die Zubereitung benötigt man nur sehr wenig Zeit und mit Eiscreme schmeckt der Auflauf überragend gut.

Nektarinen-Pistazien-Crumble

6 Nektarinen

Vanilleeis zum Servieren

Für den nussigen Streuselteig:

70 g geschälte Pistazien, grob gehackt

50 g blanchierte Mandeln

60 g Hafermehl

50 g kalte Butter in Stückchen

60 g Mehl

50 g feiner Roh-Rohrzucker

ein mit Backpapier ausgelegtes Backblech

6 Portionen

Den Backofen auf 220 °C vorheizen.

Für den Streuselteig die Pistazien und Mandeln in der Küchenmaschine grob zerkleinern. In eine Schüssel umfüllen. Hafermehl und Butter hinzufügen und mit den Fingerspitzen so lange verreiben, bis die Mischung grobem, nassem Sand ähnelt. Mehl und Zucker hinzufügen und untermischen. Bedecken und in den Kühlschrank stellen.

Die Nektarinen halbieren. Keine Sorge, wenn sich der Stein nicht leicht lösen lässt: Man kann einfach das Fruchtfleisch herunterschneiden und direkt auf das vorbereitete Backblech fallen lassen. Den Teig gleichmäßig über die Nektarinen streuen und im vorgeheizten Backofen 10–15 Minuten lang backen, bis das Obst weich und saftig ist und die Streusel eine goldene Farbe angenommen haben. Noch warm mit Eiscreme servieren.

Wenn der Duft dieses Auflaufs durch das Haus zieht, dann steht Weihnachten vor der Tür. Eine klassische Mischung getrockneter Früchte bildet eine solide Grundlage für den leichten Streuselteig. Der würzige Glühwein sickert beim Kochen in die Früchte und lässt sie schön aufquellen. Ein würdiger Abschluss für Ihr Festmenü!

Trockenfrüchte-Glühwein-Crumble

350 g gemischte Trockenfrüchte (z. B. Sultaninen, Rosinen, Äpfel, Aprikosen, Feigen und Cranberrys)

300 ml Rotwein

ein Mullsäckchen mit Glühweingewürz (Zimt, Nelken und Piment)

einen Streifen Orangenschale

50 g extrafeiner Zucker

Crème double zum Servieren

Für den würzigen Streuselteig:

200 g Vollkornmehl

¼ Teelöffel Lebkuchengewürz

1 Prise Salz

100 g kalte Butter in Stückchen

100 g Demerera-Zucker

eine mittelgroße feuerfeste Auflaufform

4 Portionen

Den Backofen auf 190 °C vorheizen und auf der mittleren Schiene ein Backblech mit erhitzen.

Die Trockenfrüchte in mundgerechte Stücke schneiden und in einen säurebeständigen Kochtopf geben. Wein, Glühweingewürz, Orangenschale und Zucker hinzufügen. Behutsam erhitzen und ca. 10 Minuten lang sieden lassen. Beiseite stellen und abkühlen lassen.

Die halbgaren Trockenfrüchte in eine Auflaufform füllen, das Glühweingewürz und die Orangenschale entfernen.

Für den Streuselteig Mehl, Lebkuchengewürz, Salz und Butter in der Küchenmaschine zu groben Krümeln verarbeiten. (Das geht auch mit den Händen.) Die Mischung in eine Schüssel füllen und den Zucker unterrühren.

Den Streuselteig gleichmäßig über den Trockenfrüchten verteilen, zur Mitte hin etwas aufhäufen. Den Auflauf auf das heiße Backblech stellen und im vorgeheizten Backofen ca. 25 Minuten lang backen, bis er eine knusprige und goldbraune Kruste bekommen hat.

Aus dem Backofen nehmen und 5 Minuten lang abkühlen lassen. Mit Crème double servieren.

Mit Rhabarber verbinden die meisten Menschen lebhafte Kindheitserinnerungen. Entweder an junge rohe Rhabarberstängel, die man in Zucker getaucht und geknabbert hat, oder an den Genuss eines köstlichen Auflaufs mit jeder Menge heißer Vanillesoße. Die Orange scheint dem Rhabarber den herben Geschmack zu entziehen und ihn abzumildern – mit köstlichen Ergebnissen.

Rhabarber-Orangen-Crumble

700 g Rhabarber
2 große Orangen
1 Prise gemahlener Ingwer
175 g extrafeiner Rohrzucker
Crème double zum Servieren

Für den Mandel-Streuselteig:
125 g Mehl
1 Prise Salz
55 g gemahlene Mandeln
125 g kalte Butter in Stückchen
125 g blanchierte Mandeln, gehackt
55 g Demerera-Zucker

eine mittelgroße feuerfeste Auflaufform

4 Portionen

Den Backofen auf 200 °C vorheizen und auf der mittleren Schiene ein Backblech mit erhitzen.

Den Rhabarber putzen, in grobe Stücke schneiden und in einen großen Kochtopf geben. Die Schale der Orangen fein reiben und zum Rhabarber geben. Den Ingwer und den Zucker einrühren und bei milder Hitze unter gelegentlichem Rühren ein paar Minuten lang köcheln lassen, bis der Rhabarber anfängt, Saft zu ziehen, aber seine Form noch behält. Den Rhabarber in ein Sieb über einer Schüssel gießen, um den Saft aufzufangen. Für später aufbewahren. Mit einem kleinen scharfen Messer die weiße Haut der Orangen entfernen und das Fruchtfleisch zwischen den Häutchen herausschneiden. Zum abgetropften Rhabarber geben und vollständig abkühlen lassen.

Für den Mandel-Streuselteig das Mehl, das Salz, die gemahlenen Mandeln und die Butter in einer Küchenmaschine zu groben Krümeln verarbeiten. (Das geht auch mit den Händen.) Die Mischung in eine Schüssel umfüllen und die gehackten Mandeln und den Zucker unterrühren.

Die Orangen und den Rhabarber in eine Auflaufform füllen. Den Teig gleichmäßig darüber streuen, zur Mitte hin etwas aufhäufen. Den Auflauf auf das heiße Backblech stellen und im vorgeheizten Backofen ca. 35 Minuten lang backen, bis er knusprig und goldbraun ist.

Aus dem Backofen nehmen und 5 Minuten lang abkühlen lassen. Mit dem aufgewärmten Rhabarbersaft und Crème double servieren.

Mit ihren Röstaromen verleihen Pinienkerne und Mandeln diesem einfachen Auflauf eine weitere Dimension. Direkt nach dem Backen ist die Kruste noch weich und muss erst eine Weile ruhen, bevor sie knusprig wird. Das passt perfekt, denn ein Crumble wird am besten warm genossen, nicht kochend heiß. Der braune Zucker dickt den Pflaumensaft zu Karamell ein, das im Backofen brodelt und so die nussige Kruste färbt.

Nussiger Pflaumen-Crumble

Den Backofen auf 180 °C vorheizen.

Die Pflaumen halbieren und entsteinen und in einer Schicht in eine Auflaufform legen. Die Schale und den Saft einer Orange hinzufügen. 2 Esslöffel Zucker darüber streuen und 25 g Butter in Flöckchen darüber verteilen. Mit Folie bedecken und im vorgeheizten Backofen ca. 25–30 Minuten lang backen, bis die Pflaumen anfangen, weich zu werden.

Mehl, Backpulver, gemahlene Mandeln und die übrige Butter in eine Schüssel geben und mit den Fingerspitzen vermischen, bis sich Klumpen bilden. Mandelblättchen, Pinienkerne und den übrigen Zucker unterrühren.

Die Auflaufform aus dem Backofen nehmen, die Folie entfernen und den Streuselteig über die Pflaumen verteilen. In den Backofen zurückstellen und 30 Minuten lang backen, bis die Streusel goldbraun sind und der Saft brodelt. 10 Minuten lang ruhen lassen, damit die Kruste fest werden kann. Mit Sahne servieren.

12 reife Pflaumen

2–3 breite Streifen Orangenschale und frisch gepresster Saft einer Orange

75 g feiner Roh-Rohrzucker

125 g kalte Butter in Stückchen

100 g Mehl

1 Teelöffel Backpulver

50 g gemahlene Mandeln

25 g Mandelblättchen

25 g Pinienkerne

kalte Sahne zum Servieren

eine mittelgroße feuerfeste Auflaufform

4 Portionen

Diese kleinen Crumbles zuzubereiten ist etwas kniffelig, aber die Mühe lohnt sich auf jeden Fall. Seien Sie besonders vorsichtig, wenn Sie die Aufläufe aus der Pfanne holen, um sie auf den Teller zu setzen – der gute alte Pfannenwender kann dabei wertvolle Dienste leisten. Mit diesem raffinierten Dessert können Sie Ihre Gäste beeindrucken.

Toffee-Bananen-Crumbles

8 feste Bananen
50 g feiner Roh-Rohrzucker
frisch gepresster Saft einer Zitrone
kalte Crème double oder Crème fraîche zum Servieren

Für den Kokos-Streuselteig:

50 g Mehl
50 g Kokosflocken
50 g kalte Butter in Stückchen
25 g extrafeiner Zucker

eine gusseiserne Pfanne bzw. eine schwere Bratpfanne mit hitzebeständigem Griff

4 hitzebeständige Dessertringe (ca. 7 cm Durchmesser)

4 Portionen

Den Backofen auf 190 °C vorheizen.

Die Bananen schälen und in 3 cm lange Stücke schneiden. 4 Stücke für die Mitte der Aufläufe aufbewahren, die restlichen Stücke der Länge nach halbieren. Den braunen Zucker in die Pfanne streuen, dann die Dessertringe in den Zucker stellen. In jeden Ring aufrecht eines der Bananenstücke stellen. Anschließend die halben Bananenstücke eng um das ganze Stück herum stellen (ähnlich Blütenblättern) und mit Zitronensaft beträufeln.

Für den Streuselteig Mehl, Kokosflocken und Butter in einer Küchenmaschine zu groben Krümeln verarbeiten. (Das geht auch mit den Händen.) In eine Schüssel umfüllen und den Zucker unterrühren.

Jeden Dessertring bis zum oberen Rand mit der Kokosmasse füllen. Die Pfanne in den vorgeheizten Backofen stellen und ca. 25 Minuten lang backen, bis die Streusel goldbraun sind. Aus dem Backofen nehmen und die Ringe mit Hilfe eines Pfannenwenders auf vorgewärmte Teller setzen. Die Ringe vorsichtig entfernen, die Flüssigkeit aus der Pfanne um die Crumbles gießen und mit Crème double oder Crème fraîche servieren.

Dieser Auflauf basiert auf einem berühmten schottischen Rezept, einer Kombination aus Himbeeren, gerösteten Haferflocken, Whisky, Heidehonig und Sahne. Wenn Sie tiefgefrorene Himbeeren verwenden, müssen Sie diese nicht zuvor auftauen. Die Haferflockenkruste wird besonders schön knusprig.

Cranachan Crumble

350 g frische oder gefrorene Himbeeren

6 Esslöffel Heidehonig

100 ml Crème double

2 Esslöffel Whisky

leicht geschlagene Crème double zum Servieren

Für den Haferflocken-Streuselteig:

85 g Butter

100 g zarte Haferflocken

100 g kernige Haferflocken

eine mittelgroße feuerfeste Auflaufform

4–6 Portionen

Den Backofen auf 190 °C vorheizen und auf der mittleren Schiene ein Backblech mit erhitzen.

Die Himbeeren in eine feuerfeste Auflaufform geben. 3 Esslöffel Honig darüber träufeln, Crème double und Whisky eingießen.

Für den Streuselteig die Butter zusammen mit dem übrigen Honig in einem Topf zerlassen und die Haferflocken einrühren. So lange rühren, bis sich Klumpen bilden, die aussehen wie Knuspermüsli.

Die Haferflockenmischung gleichmäßig über den Himbeeren verteilen, zur Mitte hin etwas aufhäufen.

Die Form auf das Backblech in den vorgeheizten Backofen stellen und den Auflauf 20–25 Minuten lang backen, bis er knusprig und goldbraun ist.

5 Minuten lang abkühlen lassen und mit leicht geschlagener Crème double servieren.

Dieser köstliche Auflauf sieht wirklich hübsch aus, wenn er in einzelnen Förmchen oder Tassen zubereitet wird, aber achten Sie darauf, dass diese feuerfest sind. Wenn Sie jedem ein eigenes Kännchen mit kalter Sahne hinstellen, dann kommen sich Ihre Gäste nicht gierig vor, wenn sie immer wieder nachnehmen.

Cranberry-Orangen-Auflauf mit Streuseln

500 g frische oder gefrorene Cranberrys
fein geriebene Schale und frisch gepresster Saft einer Orange
Honig zum Abschmecken
kalte Sahne zum Servieren

Für die Streusel:
75 g Mehl
75 g feiner Roh-Rohrzucker
75 g kalte Butter in Stückchen

eine mittelgroße feuerfeste Auflaufform

4 Portionen

Den Backofen auf 220 °C vorheizen.

Die Cranberrys mit dem Orangensaft in einem Topf zum Kochen bringen. 2 Minuten lang kochen lassen, vom Herd nehmen und mit Honig abschmecken. In eine feuerfeste Form umfüllen und abkühlen lassen.

Mehl, Zucker und Orangenschale in einer Schüssel vermischen. Die Butter hinzufügen und das Ganze zu feinen Krümeln verarbeiten. Die Masse darf auf keinen Fall fettig oder ölig sein. (Falls dies doch der Fall sein sollte, die Mischung in einem Gefrierbeutel für 20 Minuten in den Kühlschrank legen.)

Sobald die Cranberrys abgekühlt sind, den Streuselteig gleichmäßig darüber verteilen. Im vorgeheizten Backofen 10 Minuten lang backen. Anschließend die Temperatur auf 180 °C reduzieren und weitere 15 Minuten lang backen.

Aus dem Backofen nehmen und noch warm mit Sahne servieren.

Die Birnenhälften fungieren hier als essbares „Geschirr". Es ist sehr wichtig, die Schnittflächen der Birnen zu karamellisieren, bis sie dunkel mahagonifarben sind, damit sich ihr Geschmack entfalten kann. Geben Sie nicht zu viel Ei zur Mandelmasse, denn sie muss vergleichsweise fest sein, damit sie beim Backen nicht aus den Birnen fließt.

Bourbon-Birnen mit Mandelstreuseln

2 große Birnen

4 Esslöffel Zucker

4 Esslöffel Bourbon

100 g Butter

Vanilleeis oder Schlagsahne zum Servieren

Für die Mandelmasse:

100 g gemahlene Mandeln

50 g gehackte Mandeln

150 g extrafeiner Zucker

ein extra Schuss Bourbon

1 Ei, verquirlt

50 g gehobelte Mandeln

eine mittelgroße feuerfeste Auflaufform

4 Portionen

Den Backofen auf 190 °C vorheizen.

Die Birnen halbieren und das Kerngehäuse entfernen. Den Zucker in einer schweren Bratpfanne unter ständigem Rühren erhitzen und dunkelbraun werden lassen. Mit dem Bourbon ablöschen, die Birnen mit der Schnittfläche nach unten ins Karamell legen, die Butter hinzufügen. Bei mittlerer Hitze 10 Minuten lang kochen bzw. so lange, bis die Schnittflächen der Birnen dunkelbraun geworden sind. Vom Herd nehmen und die Birnen mit der Schnittfläche nach oben in eine Auflaufform setzen. Den beim Kochen ausgetretenen Saft um die Birnen gießen.

Für die Mandelmasse die gemahlenen Mandeln, die gehackten Mandeln und den Zucker mit einem Schuss Bourbon und so viel verquirltem Ei vermischen, dass die Masse beginnt zu verklumpen. Die Mischung auf die Birnen streichen und mit den Mandelblättchen bestreuen. Im vorgeheizten Backofen 20–25 Minuten lang backen, bis der Belag goldbraun ist.

Aus dem Ofen nehmen, mit dem karamellisierten Saft übergießen und noch warm mit Schlagsahne oder Vanilleeis servieren.

Cobblers und mehr

Cranberrys verleihen diesem Cobbler einen angenehm intensiven Geschmack. Wenn Sie frische Cranberrys nicht leicht finden können, dann kaufen Sie einfach getrocknete und weichen Sie sie mindestens eine Stunde lang in warmem Cranberrysaft ein.

Cranberry-Apfel-Cobbler

Den Backofen auf 220 °C vorheizen.

Die Cranberrys verlesen und waschen. Die Äpfel schälen, entkernen und in dicke Scheiben schneiden. 375 g Cranberrys und die Äpfel mit der Orangenschale, dem Orangensaft und dem Nelkenpulver in einen Topf geben. 15–20 Minuten lang sanft köcheln lassen, bis das Obst zart und saftig ist. Beiseite stellen und abkühlen lassen.

Die übrigen Cranberrys grob hacken. Die Butter mit dem Mehl, dem Backpulver und dem Salz zu feinen Krümeln verarbeiten. Den Zucker und die gehackten Cranberrys unterrühren. Die Milch hinzufügen und mit einem stumpfen Messer vermischen, bis ein ziemlich weicher, klebriger Teig entsteht. Den Teig auf eine bemehlte Arbeitsfläche legen und ca. 2 cm dick ausrollen. Mit einem Plätzchenausstecher Kreise ausstechen.

Das Obst in eine Auflaufform füllen und an ihrem Rand entlang so mit den Teigkreisen belegen, dass diese sich ein wenig überlappen und die Mitte frei bleibt. Die Kreise mit Milch bestreichen. Im vorgeheizten Ofen 10–15 Minuten lang backen, bis der Teig goldbraun ist. Heiß mit Crème double servieren.

450 g frische oder gefrorene Cranberrys oder 200 g getrocknete Cranberrys

450 g Kochäpfel

fein geriebene Schale und frisch gepresster Saft einer kleinen Orange

1 Prise gemahlene Nelken

kalte Crème double zum Servieren

Für den Teig:

50 g kalte Butter in Stückchen

225 g Mehl

2 Teelöffel Backpulver

1 Prise Salz

50 g extrafeiner Zucker

ca. 150 ml Milch und zusätzlich zum Bestreichen

eine mittelgroße feuerfeste Auflaufform

ein Plätzchenausstecher mit gewelltem Rand (4–5 cm Durchmesser)

4 Portionen

Diese Art Cobbler ähnelt einem französischen Clafoutis, aber im Teig ist mehr Mehl enthalten und als Triebmittel wird Backpulver verwendet statt Eier. Nehmen Sie für dieses Gericht große saftige Brombeeren, die den Teig mit ihrer Farbe marmorieren.

Brombeer-Cobbler

225 g Mehl
¼ Teelöffel Lebkuchengewürz (wer mag)
150 g extrafeiner Zucker
1 große Prise Salz
4 Teelöffel Backpulver
250 ml Milch
½ Teelöffel Vanillearoma
50 g Butter
675 g frische oder tiefgefrorene Brombeeren
kalte Sahne oder heiße Vanillesoße zum Servieren

eine große Auflaufform aus Metall

4–6 Portionen

Den Backofen auf 180 °C vorheizen.

Mehl, Lebkuchengewürz (falls verwendet), Zucker, Salz und Backpulver in eine Schüssel sieben. Nach und nach Milch und Vanillearoma mit einem Schneebesen einrühren, bis ein dickflüssiger Teig entsteht. 15 Minuten lang ruhen lassen.

Die Butter bei leichter Hitze in einer flachen Auflaufform aus Metall zerlassen. Den gegangenen Teig noch einmal kurz durchrühren und anschließend in die Auflaufform über die geschmolzene Butter gießen. Keine Sorge, wenn dabei die Butter umherschwimmt und sich mit dem Teig vermischt.

Sofort die Brombeeren über den Teig verteilen und den Auflauf in den vorgeheizten Backofen stellen. Ca. 55 Minuten lang backen, bis der Teig aufgegangen ist und sich gesetzt hat.

Noch warm mit Sahne oder Vanillesoße servieren.

Dieser amerikanische Klassiker sollte bald nach dem Backen verzehrt werden, denn wenn man den Auflauf stehen lässt, saugt sich der Teig mit dem Fruchtsaft voll. Das heißt aber nicht, dass Sie eventuelle Reste nicht am nächsten Tag zum Frühstück essen können.

Pfirsich-Cobbler

Den Backofen auf 190 °C vorheizen.

Die Pfirsiche halbieren, die Steine entfernen und jede Hälfte in drei Scheiben schneiden. Die Scheiben in eine Auflaufform legen, mit dem Mehl bestäuben und die Form schwenken, um die Pfirsiche gleichmäßig mit dem Mehl zu umhüllen. Zitronensaft und Honig hinzufügen und rühren. Beiseite stellen.

Für den Krustenteig die Crème double und die Crème fraîche in einer großen Schüssel gründlich verrühren. Mehl, Zucker, Backpulver, Backnatron und Salz in einer separaten Schüssel gut vermischen. Die Butter hinzufügen und das Ganze mit den Fingerspitzen zu groben Krümeln verarbeiten. Mit einer Gabel die Sahnemischung unterrühren, bis alles vermengt ist. Da die Mischung dick und klebrig sein sollte und sich nicht leicht vermischen lässt, kann man gegen Ende auch mit den Händen kneten.

Die Mischung löffelweise über die Pfirsiche geben und dabei Lücken lassen, damit man das Obst sieht. Großzügig mit Zucker bestreuen. Im vorgeheizten Backofen 25–35 Minuten lang backen, bis der Teig goldbraun ist.

Noch warm mit Sahne oder Vanilleeis servieren.

6 nicht zu reife Pfirsiche

1 Esslöffel Mehl

1 Esslöffel frisch gepresster Zitronensaft

3 Esslöffel Honig

kalte Sahne oder Vanilleeis zum Servieren

Für den Teig:

125 ml Crème double

5 Esslöffel Crème fraîche oder Sauerrahm

165 g Mehl

50 g Zucker

1 Teelöffel Backpulver

¼ Teelöffel Backnatron

1 Prise Salz

4 Esslöffel kalte Butter in Stückchen

2–3 Esslöffel Zucker zum Bestreuen

eine große feuerfeste Auflaufform

6 Portionen

Dieses leicht zuzubereitende Gericht schmeckt gut mit Himbeeren, Brombeeren oder Blaubeeren. Formen Sie den Teig in leichte Scones mit der Hand (ein Nudelholz wäre dafür viel zu schwer). Die Walnüsse und der braune Zucker werden angenehm knusprig und bilden einen guten Kontrast zu den luftigen Scones.

Knuspriger Himbeer-Apfel-Cobbler

5 rote Tafeläpfel
500 g Himbeeren
1 Esslöffel extrafeiner Zucker

Für den Teig:
250 g Mehl
3 Teelöffel Backpulver
½ Teelöffel Salz
1 Esslöffel extrafeiner Zucker
50 g kalte Butter in Stückchen
75 ml Milch vermischt mit 75 ml Wasser
1 Ei
1 Esslöffel Sahne
2 Esslöffel grob gehackte Walnüsse
1 Esslöffel brauner Zucker
Puderzucker zum Bestäuben
Schlagsahne zum Servieren

eine mittelgroße feuerfeste Auflaufform

ein Plätzchenausstecher mit gewelltem Rand (6 cm Durchmesser)

4–6 Portionen

Den Backofen auf 220 °C vorheizen.

Die Äpfel schälen, entkernen und in dünne Scheiben schneiden. Die Äpfel und die Himbeeren in eine Auflaufform geben, mit dem Zucker bestreuen und die Form behutsam rütteln, um die Früchte mit Zucker zu überziehen.

Für den Belag Mehl, Salz und Backpulver in eine Schüssel sieben, den Zucker unterrühren. Die Butter hinzufügen und das Ganze mit den Fingerspitzen zu feinen Krümeln verarbeiten.

Die Milch-Wasser-Mischung in eine separate Schüssel gießen. Das Ei hinzufügen und gut verquirlen. In die Mehlmischung eine Vertiefung drücken, die Eiermischung hineingießen. Mit einem Palettenmesser die Zutaten behutsam miteinander vermischen, bis ein weicher Teig entsteht.

Den Teig auf eine bemehlte Arbeitsfläche geben und schnell und leicht durchkneten, bis er glatt ist. Mit den Händen zu einer Kugel formen und diese mit der flachen Hand gleichmäßig zu einer 1,5 cm dicken Platte drücken. 8 Kreise ausstechen und entlang den Längsseiten oder dem Rand (je nach verwendeter Form) auf das Obst legen und dabei die Mitte frei lassen. Mit der Sahne bestreichen und mit den Walnüssen und dem braunen Zucker bestreuen.

Im vorgeheizten Backofen 5 Minuten lang backen. Dann die Temperatur auf 200 °C reduzieren und weitere 20 Minuten lang backen, bis die Scones gut aufgegangen, goldbraun, knusprig und im Inneren leicht und duftig sind. Mit Puderzucker bestäuben und mit Schlagsahne servieren.

Dunkle, brodelnde Blaubeeren verstecken sich unter einer leichten Kruste aus Polentateig mit Zitronenaroma. Das Geheimnis dieser Süßspeise besteht darin, die Teigkleckse nicht zu dicht nebeneinander zu setzen: Wenn man um sie herum jeweils ein wenig Platz lässt, dann kann das Obst durch die Lücken hindurch blubbern.

Blaubeer-Zitronen-Cobbler

Den Backofen auf 180 °C vorheizen.

Die Blaubeeren in einer Auflaufform ausbreiten. 100 g Butter mit dem Zucker und der Zitronenschale schaumig rühren. Den Sauerrahm unterschlagen. Das Mehl mit dem Maisgrieß, dem Backpulver und dem Salz sieben und unter die Schaummasse heben. Mit einem Löffel kleine Kleckse der Mischung willkürlich auf die Blaubeeren setzen, bis die ganze Oberfläche bedeckt ist, und dabei um jeden Klecks ca. 2,5 cm Platz lassen. (Dadurch erhält der Auflauf sein kopfsteinpflasterartiges Aussehen und der Fruchtsaft wird um den Teig herum Blasen werfen.) Im vorgeheizten Backofen ca. 20 Minuten lang backen, bis die Oberseite fest ist. In der Zwischenzeit die Buttermischung für die Kruste zubereiten.

Die übrige Butter mit dem Honig, dem Zitronensaft und dem Zucker in einem kleinen Topf bei milder Hitze schmelzen lassen. Den Auflauf aus dem Backofen nehmen und diese Mischung darüber gießen.

Die Backofentemperatur auf 190 °C erhöhen. Den Auflauf in den Backofen zurückstellen und weitere 15–20 Minuten lang backen, bis er goldbraun ist. Noch warm mit Vanilleeis servieren.

675 g Blaubeeren

120 g weiche Butter

75 g extrafeiner Zucker

fein geriebene Schale und frisch gepresster Saft einer Zitrone

100 ml Sauerrahm

75 g Mehl

75 g feiner Maisgrieß

3 Teelöffel Backpulver

½ Teelöffel Salz

2 Esslöffel Honig

50 g extrafeiner Zucker

Vanilleeis zum Servieren

eine mittelgroße feuerfeste Auflaufform, gebuttert

4 Portionen

Diese frechen kleinen Aufläufe werden ein Lächeln auf die Gesichter Ihrer Gäste zaubern. Verwenden Sie hohe Auflaufförmchen, um den Sterneneffekt zu erhalten. Sie sehen spektakulär aus und schmecken genauso gut, wie sie aussehen.

Birnen-Cobblers mit Ahornsirup und Pekannüssen

4 kleine reife Birnen

fein geriebene Schale und frisch gepresster Saft einer halben Zitrone

4 Esslöffel Ahornsirup

Für den Teig:

50 g kalte Butter in Stückchen

225 g Mehl

2 Teelöffel Backpulver

1 Prise Salz

3 Esslöffel Ahornsirup

200 ml Milch

50 g grob gehackte Pekannüsse

Crème double oder griechischer Joghurt zum Servieren

ein Plätzchenausstecher mit 4–5 cm Durchmesser

4 feuerfeste Auflaufförmchen oder Ähnliches

4 Portionen

Den Backofen auf 220 °C vorheizen.

Die Birnen schälen, entkernen und der Länge nach in dicke Scheiben schneiden. Mit der Zitronenschale, dem Zitronensaft und dem Ahornsirup in einen Topf geben. 10 Minuten lang sanft köcheln lassen, bis die Birnen fast weich sind. Beiseite stellen.

Für den Teig die Butter mit dem Mehl, dem Backpulver und dem Salz mit den Fingerspitzen zu feinen Krümeln verarbeiten. Den Ahornsirup mit der Milch verrühren und 150 ml dieser Mischung zu den Krümeln gießen. Mit einem stumpfen Messer zu einem relativ weichen, klebrigen Teig vermischen. Den Teig auf eine bemehlte Arbeitsfläche geben und ca. 2 cm dick ausrollen. Kreise ausstechen.

Die Birnenscheiben sternförmig in den Auflaufförmchen anordnen. Die dickeren Enden befinden sich in den Förmchen, die dünneren zeigen nach oben aus den Förmchen heraus. Die beim Kochen entstandene Flüssigkeit gleichmäßig über den Birnen verteilen. Einen Teigkreis in die Mitte der Birnen legen und diese so fixieren (die Birnen sollten alle unter dem Teig hervorschauen). Den Teig mit der übrigen Milch bestreichen und mit den gehackten Pekannüssen bestreuen. Die Förmchen vorsichtig auf ein Backblech setzen und im vorgeheizten Backofen 10–15 Minuten lang backen, bis der Teig aufgegangen und goldbraun ist, die Birnen aber nur an den Spitzen zu bräunen beginnen. Heiß mit Crème double oder griechischem Joghurt servieren.

Dies ist ein wahrhaft dekadenter Auflauf für kalte Wintertage. Der Zucker verschmilzt mit der Sahne um die Bananen zu einer üppigen und klebrigen Soße. Wenn man aus dem Teig kleine Kreise aussticht, dann wird der Auflauf schneller gar und sieht sehr dekorativ aus. Sie können aber auch einmal andere Formen ausprobieren wie Herzen oder Blumen, indem Sie eine Reihe verschiedener Plätzchenausstecher verwenden.

Melasse-Bananen-Cobbler

4 mittelgroße Bananen

150 ml Crème double oder Büchsenmilch

2 Esslöffel Roh-Rohrzucker

kalte Sahne oder Vanilleeis zum Servieren

Für den Belag:

225 g Mehl

2 Teelöffel Backpulver

55 g kalte Butter in Stückchen

25 g extrafeiner Zucker

½ Teelöffel gemahlener Zimt

3 Esslöffel Rohrzuckermelasse

150 ml Milch und zusätzlich zum Bestreichen

ein Plätzchenausstecher mit 3 cm Durchmesser

eine mittelgroße feuerfeste Auflaufform

4 Portionen

Den Backofen auf 220 °C vorheizen.

Die Bananen schälen und in dicke Scheiben schneiden. In eine Auflaufform legen. Die Crème double mit dem Roh-Rohrzucker vermischen und über die Bananen gießen.

Mehl, Backpulver und Salz in eine Schüssel sieben und die Butter einarbeiten. Zucker und Zimt einrühren. Rohrzuckermelasse und Milch mit einer Gabel verquirlen, bis sich die Melasse aufgelöst hat. Schnell in die Mehlmischung gießen und zu einem weichen Teig verarbeiten. Den Teig auf eine bemehlte Arbeitsfläche geben und kurz durchkneten, bis er glatt ist. Mit der Handfläche zu einer 2 cm dicken Platte drücken. So viele Kreise wie möglich ausstechen und, wenn nötig, die Teigreste immer wieder verwenden. Mit den Teigkreisen die Bananen belegen.

Den Teig mit ein wenig Milch bestreichen und den Auflauf im vorgeheizten Backofen 15–20 Minuten lang backen, bis der Teig gut aufgegangen und goldbraun ist. Wenn der Teig zu dunkel wird, die Bananen aber noch roh sind, mit Alufolie bedecken.

Noch warm mit Sahne oder Vanilleeis servieren.

Rosenwasser verleiht diesen hübschen kleinen Aufläufen ein besonders feines Aroma. Wenn man die Himbeeren zuvor einfriert, dann lassen sie sich leichter mit dem Teig vermischen. Frieren Sie aber nur die Hälfte der Himbeeren ein und verwenden Sie die andere Hälfte zum Dekorieren.

Kleine Himbeer-Rosen-Cobblers

600 g Himbeeren, die Hälfte davon tiefgefroren

Blütenblätter von 2 rosa oder roten Rosenblüten, gewaschen und getrocknet (wer mag)

50 g kalte Butter in Stückchen

225 g Mehl

2 Teelöffel Backpulver

1 Prise Salz

50 g extrafeiner Zucker oder Vanillezucker

ca. 150 ml Milch

1 Esslöffel Rosenwasser

Puderzucker zum Bestäuben

kalte Sahne zum Servieren

ein antihaftbeschichtetes Muffinbackblech mit 4 Vertiefungen oder 4 Silikon-Muffinförmchen oder Ähnliches

4 Portionen

Den Backofen auf 220 °C vorheizen.

Die schönsten Rosenblütenblätter aussuchen und für später zum Dekorieren beiseite legen. Die übrigen zerkleinern. Butter, Mehl, Backpulver und Salz mit den Fingerspitzen zu feinen Krümeln verarbeiten. Den Zucker und die zerkleinerten Rosenblütenblätter unterrühren.

Die Milch mit dem Rosenwasser vermischen und zur Mehlmischung gießen. Mit einem Palettenmesser zu einem relativ weichen und klebrigen Teig verarbeiten. Auf eine bemehlte Arbeitsfläche legen und ca. 1 cm dick ausrollen. 4 Kreise ausstechen, die die Vertiefungen des Muffinbackbleches ausfüllen.

Die Teigkreise in die Muffinförmchen legen und behutsam die gefrorenen Himbeeren in den Teig drücken. Mit Puderzucker bestäuben und im vorgeheizten Backofen 10–15 Minuten lang backen, bis der Teig aufgegangen und goldbraun ist. Die Aufläufe in der Form vor dem Herausnehmen ein paar Minuten abkühlen lassen. Mit Puderzucker bestäuben, mit den Rosenblütenblättern bestreuen und noch warm mit den restlichen Himbeeren und kalter Sahne servieren.

Winzige, nach Zitrone schmeckende Klößchen bedecken diesen köstlich fruchtigen Auflauf. Sie können dafür alle Beeren verwenden, die erhältlich sind, aber mit tiefgefrorenen gemischten roten Beeren gelingt das Rezept sehr gut und sie sind obendrein praktisch.

Beeren-Cobbler

900 g gemischte Beeren (Himbeeren, Blaubeeren, Erdbeeren, Brombeeren, schwarze Johannisbeeren, Kirschen etc.)

3 Esslöffel Crème de Cassis (wer mag)

3 Esslöffel Zucker

kalte Sahne zum Servieren

Für die Zitronenklößchen:

50 g kalte Butter in Stückchen

225 g Mehl

2 Teelöffel Backpulver

1 Prise Salz

75 g extrafeiner Zucker

fein geriebene Schale von 2 Zitronen und frisch gepresster Saft von 1 Zitrone

50 ml Milch

eine mittelgroße feuerfeste Auflaufform

4–6 Portionen

Den Backofen auf 200 °C vorheizen.

Die Beeren verlesen und alle sehr weichen Früchte und solche mit Druckstellen aussortieren. Mit der Crème de Cassis und dem Zucker vermischen und in eine Auflaufform füllen.

Die Butter mit dem Mehl, dem Backpulver und dem Salz zu feinen Krümeln verarbeiten. 50 g Zucker und die Zitronenschale unterrühren. Die Milch zur Mehlmischung geben und mit einem stumpfen Messer zu einem relativ weichen und klebrigen Teig verrühren. Den Teig auf eine bemehlte Arbeitsfläche stürzen und leicht kneten. Zu einer langen dünnen Wurst rollen und mit einer Schere kleine, haselnussgroße Stücke abschneiden. Diese gleichmäßig über den Beeren verteilen.

Den Zitronensaft mit dem restlichen Zucker vermischen und die Klößchen großzügig damit bestreichen. Im vorgeheizten Backofen 15 Minuten lang backen, bis der Teig goldbraun ist und die Beerenmischung brodelt. Heiß mit Sahne servieren.

Bei dieser Süßspeise werden die Früchte mit süßem Teig überbacken. Diese Kruste wird vor dem Servieren mit einem Löffel aufgebrochen und in die herrlich saftige Fruchtmasse getunkt, damit sie aufweicht. Man kann das Gebäck vor dem Servieren auch stürzen wie eine Tarte Tatin (s. Seite 117).

Pflaumen-Haselnuss-Pandowdy

900 g Pflaumen
125 g feiner Roh-Rohrzucker
½ Teelöffel gemahlener Zimt
fein geriebene Schale und frisch gepresster Saft einer kleinen Orange
40 g kalte Butter in Stückchen
kalte Sahne zum Servieren

Für die Kruste:
250 g Mehl
3 Esslöffel extrafeiner Zucker
1 Esslöffel Backpulver
100 g kalte Butter in Stückchen
75 g fein gemahlene Haselnüsse
ca. 200 ml Sahne
extrafeiner Zucker zum Bestreuen

eine gusseiserne Bratpfanne oder eine schwere Backform (ca. 26–28 cm Durchmesser)

6 Portionen

Den Backofen auf 220 °C vorheizen.

Die Pflaumen halbieren, entsteinen und in dicke Scheiben schneiden. In eine Schüssel geben und den Zucker, den Zimt, die Orangenschale und den Orangensaft hinzufügen. Alles miteinander verrühren und in eine gusseiserne Bratpfanne füllen. Mit den Butterstückchen belegen. Beiseite stellen.

Für die Kruste das Mehl, den Zucker und das Backpulver in eine Rührschüssel sieben. Mit den Fingerspitzen die Butter mit der Mehlmischung zu groben Krümeln verarbeiten. Die gemahlenen Haselnüsse untermischen. Bis auf ein paar Esslöffel die ganze Sahne hinzufügen und mit einem Palettenmesser alles zu einem klebrigen Teig vermischen. Den Teig auf einer bemehlten Arbeitsfläche vorsichtig kneten, bis er glatt ist.

Den Teig schnell zu einem Kreis ausrollen, der 0,5 cm dick ist und 1 cm größer als die Pfanne. Mit Hilfe des Nudelholzes den Teig über die Früchte und den Rand der Pfanne legen. (Den Teig nicht am Rand der Pfanne festdrücken.) Die Teigplatte ein paar Mal einschneiden, damit Dampf entweichen kann. Mit der restlichen Sahne bestreichen und mit dem Zucker bestreuen.

Die Pfanne auf ein Backblech setzen, um eventuell austretenden Saft aufzufangen. Im vorgeheizten Backofen 10 Minuten backen, dann die Temperatur auf 180 °C reduzieren und die Pfanne mit Alufolie bedecken. Weitere 35–40 Minuten lang backen, bis die Kruste goldbraun ist.

Aus dem Ofen nehmen und die Kruste mit einem Löffel in die brodelnde Fruchtmasse drücken. Warm mit Sahne servieren.

Diese traditionelle Süßspeise aus dem Südwesten Englands ist wenig bekannt, verdient aber unbedingt ein größeres Publikum. Sie kommt mit einfachen Grundzutaten aus und mit einer Küchenmaschine ist ihre Zubereitung ein Kinderspiel.

Apple Dappy

450 g säuerliche Tafeläpfel, z. B. Cox Orange oder Braeburn, geschält, entkernt und in Würfel geschnitten

frisch gepresster Saft einer halben Zitrone

2 Esslöffel Zucker

1 Esslöffel Butter

Crème double zum Servieren

Für den Teig:

200 g Mehl

1 Teelöffel Backpulver

1 Teelöffel Backnatron

1 Prise Salz

60 g Butter

2 Esslöffel Zucker

2 Esslöffel Crème double

125 ml Milch

extrafeiner Zucker zum Bestreuen

eine kleine viereckige oder runde Backform, mit Backpapier ausgelegt und leicht gebuttert

7 Portionen

Die Apfelwürfel mit dem Zitronensaft, dem Zucker und der Butter in einen Topf geben und bei mittlerer Hitze ohne Deckel kochen, bis sie weich sind. Vom Herd nehmen und beiseite stellen.

Den Backofen auf 220 °C vorheizen.

In einer Küchenmaschine Mehl, Backpulver, Backnatron und Salz miteinander vermischen. Die Butter und den Zucker zugeben und alles zu feinen Krümeln verarbeiten. Unter Rühren die Crème double und die Hälfte der Milch zugeben. Der Teig sollte weich und klebrig sein. Wenn er zu fest ist, die restliche Milch einrühren.

Den Teig auf einer bemehlten Arbeitsfläche zu einem 20 x 30 cm großen Rechteck ausrollen. Die Teigplatte sollte ziemlich genau diese Größe besitzen, nicht mehr.

Die abgekühlte Apfelmischung auf der Teigplatte verteilen und von einer langen Seite aus wie eine Biskuitrolle aufrollen. 7 gleich große Stücke auf der Rolle markieren und mit einem scharfen Messer in Scheiben schneiden. Die Scheiben mit der Schnittfläche nach oben in die vorbereitete Form setzen, und zwar eine in die Mitte und die anderen darum herum. (Die Scheiben sollten sich nicht berühren, weil der Teig beim Backen aufgeht.)

Großzügig mit Zucker bestreuen und im vorgeheizten Backofen 20–25 Minuten lang backen, bis der Teig aufgegangen und goldbraun ist. Etwas abkühlen lassen und noch warm mit Sahne servieren.

Bettys und Crisps

Wenn Sie die Geduld dafür haben, dann können Sie die Aprikosensteine knacken und die Kerne aus dem Inneren nehmen. Diese haben eine große Ähnlichkeit mit Bittermandeln und sind eine tolle Zugabe, wenn sie klein gehackt und zusammen mit den Semmelbröseln geröstet werden.

Gebutterter Aprikosen-Betty

675 g frische Aprikosen oder 3 Dosen à 400 g Aprikosen im Saft (nicht Sirup)

100 g Butter in Stückchen

150 g frische Semmelbrösel, leicht geröstet

2 Esslöffel brauner Rohrzuckersirup

100 ml frischer Orangensaft

50 g extrafeiner Zucker

kalte Sahne zum Servieren

eine mittelgroße, hohe Pasteten- oder Souffléform, gebuttert

ein großer Bräter

4 Portionen

Den Backofen auf 190 °C vorheizen.

Die frischen Aprikosen halbieren und entsteinen (bzw. die Aprikosen aus der Dose abtropfen lassen und trocken tupfen). Den Boden der vorbereiteten Form mit einer Schicht Aprikosen auslegen.

4–6 Esslöffel Semmelbrösel für den Belag zurückbehalten. Die Aprikosen in der Form mit Semmelbröseln bestreuen und mit ein paar Butterstückchen belegen. Nun eine weitere Schicht Aprikosen in die Form legen und mit den Schichten so fortfahren, bis die Aprikosen und die Semmelbrösel verbraucht sind. Die zurückbehaltenen Semmelbrösel als oberste Schicht verwenden.

Den Zuckersirup mit dem Orangensaft erwärmen und über den Auflauf gießen. Mit dem Zucker bestreuen und mit der restlichen Butter belegen.

Die Souffléform in einen Bräter stellen und so viel kochendes Wasser einfüllen, dass die Form zur Hälfte im Wasser steht. Im vorgeheizten Backofen 45 Minuten lang backen, bis die Aprikosen weich sind und die Oberfläche braun und knusprig ist. Noch warm mit Sahne servieren.

Ananas, Rum und Kokosnuss – diese drei sind wie füreinander geschaffen. Gesüßte Kokoscreme in Blockform eignet sich perfekt dafür, um sie in Süßspeisen zu reiben, weil man nur die Menge verwenden muss, die man benötigt. Der Rest hält sich in einer Plastiktüte ewig.

Ananas-Rum-Betty mit Kokosnuss

1 mittelgroße Ananas
75 g ungesüßte Kokosraspeln
75 g Sandkuchen oder Ähnliches, zerbröselt
75 g Kokoscreme in Blockform (Asia-Laden), gerieben
75 g Butter
100 g Macadamianüsse, grob gehackt
2 Esslöffel brauner Rohrzuckersirup
100 ml dunkler oder heller Rum
kalte Sahne zum Servieren

eine mittelgroße, hohe Pasteten- oder Souffléform, gebuttert

ein großer Bräter

6 Portionen

Den Backofen auf 190 °C vorheizen.

Das obere und untere Ende der Ananas abschneiden, dann die Schale abtrennen und mit der Spitze eines Kartoffelschälers die „Augen" entfernen. Vierteln und das harte Mittelstück entfernen. In dünne Scheiben schneiden.

Die Kokosraspeln gleichmäßig auf einem Backblech verteilen und im vorgeheizten Backofen ca. 5 Minuten lang rösten, bis sie goldgelb sind. Mit dem zerbröselten Kuchen und der Hälfte des geriebenen Kokoscremeblocks vermischen.

Die vorbereitete Form mit einer Schicht Ananasscheiben auslegen. 4–6 Esslöffel der Kokosmischung als Belag zurückbehalten. Die Ananas mit ein wenig Kokosmischung bestreuen und mit Butterflöckchen belegen. Nun wieder eine Schicht Ananasscheiben in die Form legen und mit den Schichten so fortfahren, bis die Ananas und die Kokosmischung aufgebraucht sind. Die zurückbehaltenen Kokosraspeln mit den Macadamianüssen mischen und als oberste Schicht verwenden.

Den Rohrzuckersirup mit dem Rum erwärmen und über den Auflauf gießen. Mit dem Rest der geriebenen Kokoscreme bestreuen und die restliche Butter in Flöckchen darüber geben. Die Form in einen Bräter stellen und so viel kochendes Wasser einfüllen, dass die Form zur Hälfte im Wasser steht. Im vorgeheizten Backofen 35–40 Minuten lang backen, bis die Ananas weich und die Oberfläche braun und knusprig ist. Wird sie zu dunkel, legen Sie ein Stück Alufolie lose darüber. Noch warm mit Sahne servieren.

Dieser Auflauf ist ein traditionelles amerikanisches Gericht mit einem sehr einfachen Ursprung. Er wird immer mit Äpfeln zubereitet, aber nicht unbedingt mit getrockneten Cranberrys. Genau wie ein Brotauflauf ist dies eine leckere Möglichkeit, altbackenes Brot aufzubrauchen. Mit frischem Weißbrot oder sogar Brioche schmeckt er allerdings noch besser.

Apfel-Betty mit getrockneten Cranberrys

900 g säuerliche Tafeläpfel, z. B. Cox Orange oder Granny Smith, geschält, entkernt und in Würfel geschnitten

1 Teelöffel gemahlener Zimt

1 Esslöffel fein geriebene Orangenschale

75 ml frischer Apfel- oder Orangensaft

100 g getrocknete Cranberrys

375 g weiße Semmelbrösel

85 g zerlassene Butter

80 g geschälte Pekannüsse, gehackt

75 g feiner Roh-Rohrzucker

2 Esslöffel Butter in Stückchen

Schlagsahne zum Servieren

eine mittelgroße feuerfeste Auflaufform, gut gebuttert

4–6 Portionen

Den Backofen auf 190 °C vorheizen.

Die Apfelwürfel, den Zimt, die Orangenschale, den Apfel- bzw. Orangensaft und die Cranberrys in eine Schüssel geben und behutsam mit den Händen vermischen. Beiseite stellen.

In einer separaten Schüssel die Semmelbrösel mit der zerlassenen Butter gut vermischen. Etwa ein Drittel der gebutterten Semmelbrösel in die vorbereitete Form geben. Die restlichen Semmelbrösel mit den Pekannüssen und dem Zucker vermischen.

Die Hälfte der Apfelmischung über die Semmelbrösel in der Form geben. Mit der Hälfte der Semmelbrösel-Nuss-Mischung belegen und auf diese den Rest der Apfelmischung geben. Den Abschluss bildet die verbliebene Semmelbrösel-Nuss-Mischung. Mit den Butterstückchen belegen und im vorgeheizten Backofen 30–40 Minuten lang backen, bis die Kruste goldbraun und knusprig ist. Noch warm mit Schlagsahne servieren.

Eine Möglichkeit, bei der Herstellung von Karamell zu schummeln, ist, Karamellbonbons in Butter zu schmelzen. Dadurch umgeht man die Schwierigkeit des Karamellisierens von Zucker. Die Zugabe von Maisgrieß oder Maismehl macht die Kruste herrlich knusprig. In einer gusseisernen Pfanne zubereitet, verbreitet der Auflauf eine heimelige Atmosphäre, aber eine normale feuerfeste Auflaufform geht natürlich auch.

Apfel-Karamell-Crisp

6 säuerliche Tafeläpfel, z. B. Cox Orange oder Granny Smith, geschält, entkernt und in Würfel geschnitten

frisch gepresster Saft einer halben Zitrone

50 g Butter

100 g harte Karamellbonbons, zerkleinert

1 Prise gemahlener Zimt

kalte Crème fraîche oder Vanilleeis zum Servieren

Für die Haferflockenkruste:

85 g feiner Maisgrieß

85 g kernige Haferflocken

80 g zerlassene Butter

130 g Demerera-Zucker

eine gusseiserne Pfanne oder eine feuerfeste Auflaufform

6 Portionen

Den Backofen auf 190 °C vorheizen.

Die Apfelwürfel mit dem Zitronensaft beträufeln und gut vermischen. In einer schweren gusseisernen Pfanne, die in den Backofen passt, die Butter zerlassen und anschließend die zerkleinerten Karamellbonbons zugeben. Unter Rühren schmelzen lassen, dann die Apfelwürfel und den Zimt hinzufügen und durch Schwenken der Pfanne gründlich mit dem Butterkaramell bedecken. Beiseite stellen.

Für die Kruste den Maisgrieß, die Haferflocken und den Zucker in einer Schüssel gut vermischen. Die zerlassene Butter einrühren und das Ganze mit den Fingerspitzen zu groben Krümeln verarbeiten.

Die Haferflockenmischung gleichmäßig über den Äpfeln verteilen, zur Mitte hin etwas aufhäufen. Im vorgeheizten Backofen 40 Minuten lang backen, bis die Oberfläche gebräunt und knusprig ist. Noch warm mit Crème fraîche oder Vanilleeis servieren.

Nektarinen, die noch etwas hart sind, kann man gut für dieses Gericht nehmen, weil sie durch das Kochen weich werden und ihr Geschmack freigesetzt wird. Weil Ingwer zu dieser Frucht besonders gut passt, werden hier Ingwerkekse verwendet. Wenn Sie keine bekommen können, dann nehmen Sie einfach Ihre Lieblingskekse und ergänzen die Mischung für die Streusel um eine große Prise gemahlenen Ingwer.

Nektarinen-Ingwer-Crisp

6 mittelgroße Nektarinen

2 Esslöffel klein geschnittener, in Sirup eingelegter Ingwer

75 ml frischer Apfelsaft

50 g extrafeiner Zucker

Vanilleeis oder kalte Sahne zum Servieren

Für die Ingwerkekskruste:

100 g zerlassene Butter

200 g Ingwer-Nuss-Kekse, zerkleinert

100 g Demerera-Zucker

eine mittelgroße feuerfeste Auflaufform

4 Portionen

Den Backofen auf 190 °C vorheizen und auf der mittleren Schiene ein Backblech mit erhitzen.

Die Nektarinen halbieren und entsteinen, dann in Scheiben oder kleine Stücke schneiden. In eine Auflaufform geben und mit dem Apfelsaft, dem klein geschnittenen Ingwer und dem Zucker vermischen.

Für die Streusel die Butter in einem Topf zerlassen und die zerdrückten Kekse und den Zucker einrühren, bis die Mischung groben Semmelbröseln ähnelt.

Die Keksmischung gleichmäßig über den Nektarinen verteilen, zur Mitte hin etwas aufhäufen.

Die Auflaufform auf das heiße Backblech stellen und im vorgeheizten Ofen ca. 25 Minuten lang backen, bis die Kruste goldbraun und knusprig ist. Noch warm mit Vanilleeis oder Sahne servieren.

Dieser Crisp funktioniert etwas anders: Die Mango und die Streusel werden getrennt voneinander gebacken und dann zusammen serviert. Das garantiert maximalen Knuspergenuss. Sie können die Streusel in einer größeren Menge zubereiten und in einem luftdichten Behältnis aufbewahren, so dass Sie jederzeit ein wahrhaft exotisches Dessert zubereiten können. Sie sollten unbedingt Kokoseis dazu reichen.

Mango-Kokosmakronen-Crisp

2 reife Mangos

fein geriebene Schale und frisch gepresster Saft einer Limette

Vanille- oder Kokoseis zum Servieren

Für die Kokosmakronenstreusel:

2 Esslöffel Vollkornmehl

40 g Butter

40 g Kokosraspel

80 g Kokosmakronen

40 g Demerera-Zucker

4 kleine feuerfeste Förmchen

4 Portionen

Den Backofen auf 200 °C vorheizen.

Die Mangos mit einem Kartoffelschäler schälen. Die Seiten von den Mangos so nah wie möglich am Stein abschneiden, dann das Fruchtfleisch in Scheiben oder kleine Stücke schneiden, einschließlich dem Fruchtfleisch, das noch am Stein hängt. Die Mangostückchen mit der Limettenschale und dem Limettensaft vermischen und auf vier Förmchen verteilen (diese müssen flach sein, damit sie sich schnell erhitzen). Die Förmchen auf ein Backblech stellen und im vorgeheizten Backofen ca. 15 Minuten lang backen. In der Zwischenzeit die Streusel zubereiten.

Dafür das Vollkornmehl, die Butter und die Kokosraspel mischen und zu groben Krümeln verarbeiten. Die Kokosmakronen in einem Gefrierbeutel vorsichtig zerdrücken und anschließend zusammen mit dem Zucker in die Kokosmischung einrühren. Auf einem antihaftbeschichteten Backblech verteilen und zur Mango in den Backofen schieben. Die Kokosmakronenmischung 10–15 Minuten lang rösten, bis sie kross ist. Beide Bleche aus dem Backofen nehmen und die geröstete Kokosmakronenmischung über der heißen Mango verteilen.

Sofort mit Kokos- oder Vanilleeis servieren.

Manche Köche häuten die Pfirsiche vor dem Entsteinen, aber für dieses Gericht sollten Sie die Haut an der Frucht lassen, denn sie verleiht ihm Farbe und Textur. Sie können den Auflauf entweder in mehreren flachen Schälchen oder in einer großen Auflaufform zubereiten – ganz wie Sie mögen. Da er recht viel Butter enthält, serviert man dazu am besten jede Art von Sahne, aber kein Eis.

Pfirsich-Amaretti-Crisp

4–6 große, feste, aber reife Pfirsiche oder Nektarinen

2 Esslöffel Amaretto oder Ähnliches (wer mag)

kalte Crème fraîche oder Crème double zum Servieren

Für die Amarettistreusel:

250 g Amaretti

1 Eigelb

2 Esslöffel klein geschnittener, in Sirup eingelegter Ingwer und 2 Esslöffel des Sirups

75 g kalte Butter in Stückchen

eine mittelgroße feuerfeste Auflaufform

4 Portionen

Den Backofen auf 190 °C vorheizen und auf der mittleren Schiene ein Backblech mit erhitzen.

Die Pfirsiche halbieren, entsteinen und die Hälften in Viertel schneiden. Mit dem Amaretto vermischen. Die Pfirsiche mit den Schnittflächen nach oben in einer Schicht in eine Auflaufform legen.

Die Amaretti in einem Gefrierbeutel mit dem Nudelholz grob zerkleinern. Den Ingwersirup mit dem Eigelb vermischen, zu den Amarettikrümeln geben und zu einer relativ groben, klumpigen Mischung verarbeiten. Den klein geschnittenen Ingwer einrühren.

Die Mischung über den Pfirsichvierteln verteilen und mit Butterflöckchen belegen. Die Auflaufform auf das heiße Backblech stellen und im vorgeheizten Backofen 20–25 Minuten lang backen, bis die Pfirsiche weich sind und der Amarettibelag braun und knusprig ist. Noch warm mit Crème fraîche oder Crème double servieren.

Im Südwesten Frankreichs gibt es eine Süßspeise, die „Pastis Gascon" heißt und im Grunde eine Backpflaumen- oder Apfeltarte aus selbstgemachtem Filoteig mit viel Butter ist. Die Früchte sind mit feurigem Armagnac durchzogen und werden von einem federleichten Belag aus Filoteig bekrönt. Dieses Rezept hier ist eine Neuinterpretation des traditionellen Gerichtes.

Crisp mit Äpfeln, Backpflaumen, Armagnac und Filoteig

4 Blätter Filoteig (Tiefkühlware aufgetaut, ersatzweise Blätterteig)

100 g zerlassene Butter

4 Tafeläpfel

16 verzehrfertige, entsteinte Backpflaumen

2–3 Esslöffel Armagnac oder Cognac

3 Esslöffel extrafeiner Zucker

fein geriebene Schale einer Zitrone

Puderzucker zum Bestäuben

heiße Vanillesoße oder kalte Sahne zum Servieren

eine mittelgroße feuerfeste Auflaufform

4 Portionen

Den Backofen auf 190 °C vorheizen.

Den Filoteig auf eine saubere Arbeitsfläche legen und mit der zerlassenen Butter bestreichen. 15–20 Minuten lang ruhen und trocknen lassen.

In der Zwischenzeit die Äpfel schälen, entkernen und in Scheiben schneiden, die Backpflaumen vierteln. In einer Schüssel mit dem Armagnac, dem Zucker und der Zitronenschale vermengen. Das Obst in eine Auflaufform füllen, mit Folie bedecken und im vorgeheizten Backofen 20 Minuten lang backen.

Den Filoteig in kleine unregelmäßige Stücke rupfen. Die Apfel-Backpflaumen-Mischung aus dem Ofen nehmen und die Teigstücke darüber verteilen. Der Belag sollte recht zackig und stachelig aussehen. In den Backofen zurückstellen und weitere 20 Minuten lang backen, bis der Teig goldbraun ist. Großzügig mit Puderzucker bestäuben und noch warm mit Vanillesoße oder Sahne servieren.

Clafoutis, Slumps und Puddings

Traditionellerweise wird dieses klassische französische Gericht mit den ersten Kirschen der Saison zubereitet, aber mit anderem Steinobst wie kleinen Pfirsichen, Nektarinen oder Aprikosen schmeckt es gleichermaßen traumhaft. Das Beste an diesem Rezept ist, dass man den Teig einen Tag im Voraus zubereiten und über Nacht im Kühlschrank aufbewahren kann. Dann muss man ihn nur noch über das Obst gießen und backen, wenn es Zeit für den Nachtisch ist.

Kirsch-Clafoutis

100 g blanchierte Mandeln

1 Vanilleschote, längs aufgeschlitzt

3 Esslöffel Mehl

225 g extrafeiner Zucker

4 Eier

2 Eigelb

250 ml Sahne

250 g Kirschen, halbiert und entsteint

Vanilleeis zum Servieren

eine mittelgroße, flache feuerfeste Auflaufform

4 Portionen

Den Backofen auf 220 °C vorheizen.

Die Mandeln auf einem Backblech ausbreiten und im vorgeheizten Backofen 6–8 Minuten lang rösten, bis sie goldgelb sind. Abkühlen lassen.

Die abgekühlten Mandeln in eine Küchenmaschine geben. Mit der Spitze eines kleinen scharfen Messers das Vanillemark aus der Schote direkt in die Küchenmaschine kratzen. Die Mandeln grob vermahlen. Das Mehl und den Zucker zugeben und mit den Mandeln vermischen. Die Eier, die Eigelbe und die Sahne hinzufügen und in der Küchenmaschine zu einem glatten, dickflüssigen Teig verarbeiten. In eine Schüssel umfüllen, zudecken und bis zur Verwendung kühl stellen.

Den Boden einer Auflaufform mit den halbierten Kirschen auslegen. Vorsichtig den Teig über die Kirschen gießen. Wenn nötig, die Kirschen noch einmal gleichmäßig verteilen.

Im vorgeheizten Backofen 25 Minuten lang backen, bis der Teig aufgegangen und goldbraun ist. Vor dem Servieren ein paar Minuten lang abkühlen lassen. Der Auflauf wird dadurch etwas in sich zusammenfallen. Noch heiß mit Vanilleeis servieren.

Dieses köstliche Dessert ist ideal, wenn man Gäste hat, denn es sieht fantastisch aus, lässt sich aber sehr leicht zubereiten. Machen Sie einfach den Teig im Voraus und bereiten Sie die Früchte vor. Zu Beginn des Essens gießen Sie den Teig über die Früchte und schieben den Auflauf in den Backofen. Er wird genau dann fertig sein, wenn Sie ihn servieren möchten.

Birnen-Feigen-Clafoutis

3 reife Birnen
3 reife Feigen
200 ml Crème fraîche
200 ml Milch
3 Eier
125 g extrafeiner Zucker
2 Esslöffel gemahlene Mandeln
½ Teelöffel gemahlener Zimt
Puderzucker zum Bestäuben
kalte Sahne zum Servieren

eine große, flache feuerfeste Auflaufform, gut gebuttert

4–6 Portionen

Den Backofen auf 200 °C vorheizen.

Die Birnen schälen, entkernen und in relativ große Stücke schneiden. Die Feigen von den harten Stängeln befreien und in etwas kleinere Stücke schneiden. Zu viel Weißes auf der Feigenschale sollte entfernt werden. Die Früchte gleichmäßig in der vorbereiteten Auflaufform verteilen. Beiseite stellen.

In einer großen Rührschüssel Crème fraîche, Milch, Eier, Zucker, Mandeln und Zimt gründlich miteinander verschlagen.

Den Teig gleichmäßig über die Früchte gießen und im vorgeheizten Backofen ca. 35–45 Minuten lang backen, bis der Teig aufgegangen und goldbraun ist. Kurz abkühlen lassen und direkt vor dem Auftragen mit Puderzucker bestäuben. Noch warm mit Sahne servieren.

Bei diesem sättigenden Auflauf bedeckt ein relativ flüssiger Teig Früchte der Saison. Sie liegen normalerweise unten in der Auflaufform und der Teig wird darüber gegossen. Wenn das Obst aber sichtbar sein soll, dann gießen Sie einfach den Teig zuerst in die Form und drücken dann die Früchte hinein – das funktioniert prima. Sie können jedes saftige Obst verwenden, auch mit Beeren schmeckt der Auflauf sehr gut. Die Mandeln können durch Pinienkerne ersetzt werden, die Sie dann einfach über den Teig streuen.

Mandel-Aprikosen-Slump

600 g Aprikosen

150 g extrafeiner Rohrzucker

30 g blanchierte Mandeln

Vanilleeis zum Servieren

Für den Mandelteig:

200 g Mehl

3 Teelöffel Backpulver

1 Prise Salz

100 g gemahlene Mandeln

ca. 350 ml Milch

4 Esslöffel zerlassene Butter

eine große antihaftbeschichtete Backform

4–6 Portionen

Den Backofen auf 190 °C vorheizen.

Die Aprikosen halbieren, entsteinen und mit 100 g Zucker vermischen. Beiseite stellen.

Das Mehl, das Backpulver, das Salz und den restlichen Zucker in eine Schüssel sieben. Die gemahlenen Mandeln, die Milch und die zerlassene Butter einrühren und das Ganze zu einem glatten, dickflüssigen Teig verquirlen. In die vorbereitete Auflaufform gießen. Die Aprikosen mit der Schnittfläche nach oben unregelmäßig und leicht schief in den Teig drücken. In jede Aprikose eine Mandel legen.

Im vorgeheizten Backofen 25–30 Minuten lang backen, bis der Teig aufgegangen und goldbraun ist. Leicht abkühlen lassen und mit Vanilleeis servieren.

Dieses einfache Gericht ist leicht zuzubereiten und sogar noch leichter zu essen. Birnen sind eine willkommene Abwechslung zu Äpfeln, die häufiger in rustikalen hausgemachten Aufläufen verwendet werden. Fall Sie trotzdem Äpfel bevorzugen, dann wählen Sie eine grüne, säuerliche Sorte und tauschen Sie die geriebene Orangenschale gegen Zitronenschale aus.

Birnen-Slump

900 g Birnen, geschält, entkernt und in Scheiben geschnitten

75 g feiner Roh-Rohrzucker

2 Esslöffel Mehl

1 Teelöffel Vanillearoma

fein geriebene Schale einer Orange

Vanilleeis oder Schlagsahne zum Servieren

Für den Teig:

300 g Mehl

200 g Zucker

1 Esslöffel Backpulver

1 Prise Salz

250 ml Milch

125 g zerlassene Butter

Zucker oder Zimtzucker zum Bestreuen

eine große, flache feuerfeste Auflaufform, gut gebuttert

4–6 Portionen

Den Backofen auf 190 °C vorheizen.

In einer Schüssel die Birnenscheiben, den Zucker, das Mehl, das Vanillearoma und die Orangenschale behutsam mit den Händen vermischen. In einer gleichmäßigen Schicht in die vorbereitete Auflaufform füllen. Beiseite stellen.

Für den Teig das Mehl, den Zucker, das Backpulver und das Salz in einer separaten Schüssel miteinander vermischen. In einer dritten Schüssel oder in einem Krug die Milch mit der zerlassenen Butter verrühren. Die Milchmischung nach und nach zu den trockenen Zutaten gießen und alles mit einem Holzlöffel zu einem glatten Teig verschlagen.

Den Teig löffelweise über die Birnen geben und dabei Lücken lassen, aber bis an den Rand der Form gehen. Mit Zucker bestreuen und im vorgeheizten Backofen 40–50 Minuten lang backen, bis der Teig goldbraun ist. Noch warm mit Vanilleeis oder Schlagsahne servieren.

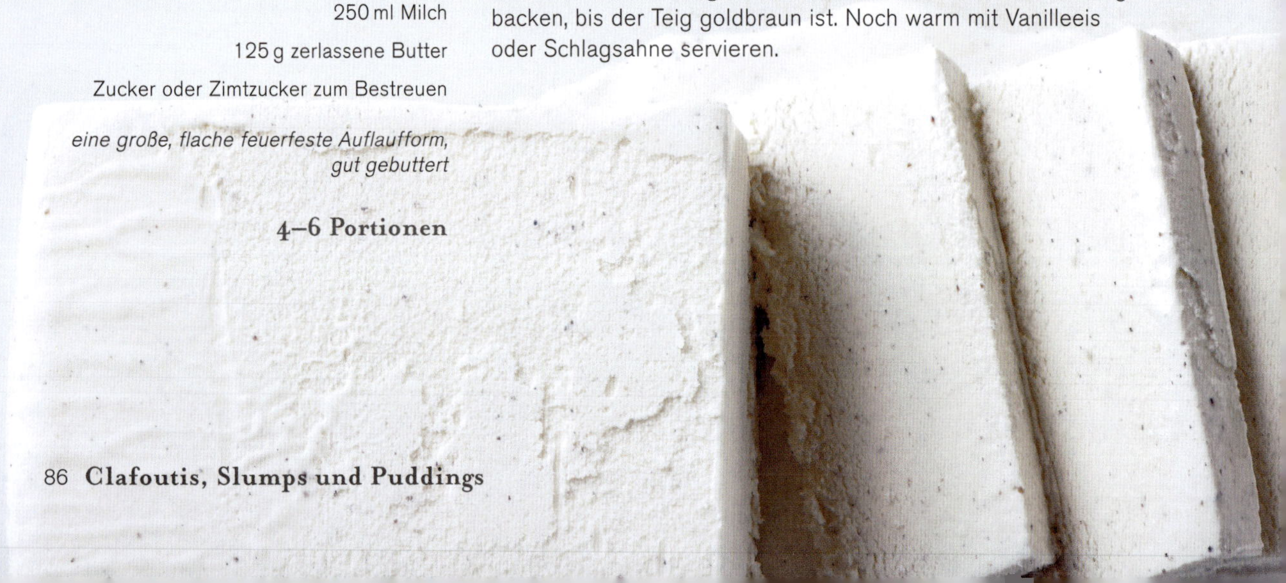

Die Äpfel der Sorte Granny Smith wurden erstmals von Maria Ann Smith in Australien gezüchtet, die ihr Potential als vielseitige Kochäpfel erkannte. Ihr Fruchtfleisch fällt beim Garen zusammen, weshalb sie sehr gut in diesen saftigen Auflauf passen. Hier wird er mit Blaubeeren zubereitet, aber wenn Sie Maulbeeren finden (die es nur für kurze Zeit gibt und die kaum kommerziell angebaut werden), dann zögern Sie nicht, diese zu verwenden.

Granny-Smith-Blaubeer-Auflauf

Den Backofen auf 180 °C vorheizen.

Die Äpfel schälen und entkernen und direkt in die Auflaufform in dünne Scheiben schneiden, mit den Blaubeeren auf dem Boden der Form verteilen.

Mehl, Backpulver und Zucker in eine große Schüssel sieben. Die Buttermilch und die Eier in eine separate Schüssel geben. Mit der Spitze eines kleinen scharfen Messers das Mark aus der Vanilleschote direkt in die Buttermilchmischung kratzen. Diese Mischung in die Mehlmischung gießen und alles gründlich miteinander verschlagen.

Den Teig über das Obst in der Auflaufform gießen. Schnell den braunen Zucker in einem Krug mit 250 ml kochendem Wasser übergießen und so lange rühren, bis sich der Zucker aufgelöst hat. Das Zuckerwasser vorsichtig an einer Stelle in die Auflaufform gießen.

Im vorgeheizten Backofen 45 Minuten lang backen, bis sich die Oberfläche trocken anfühlt und federnd nachgibt, wenn man sie leicht berührt. Noch warm mit Sahne servieren.

2 säuerliche grüne Äpfel, z. B. Granny Smith

150 g Blaubeeren

125 g Mehl

3 Teelöffel Backpulver

115 g extrafeiner Zucker

250 ml Buttermilch

1 Ei

1 Vanilleschote, längs aufgeschlitzt

100 g feiner Roh-Rohrzucker

kalte Sahne zum Servieren

eine große feuerfeste Auflaufform, gut gebuttert

6 Portionen

Die weichen, birnenförmigen Früchte haben einen süßen Geschmack nach Nektar und Honig. Nach dem Ernten reifen sie sehr schnell nach und gegen Ende der Saison eignen sie sich perfekt für Aufläufe. Dieses köstliche Gericht bietet eine ausgezeichnete Möglichkeit, übrig gebliebene Croissants aufzubrauchen, und ist im Handumdrehen zubereitet.

Croissant-Auflauf mit Feigen und Honig

- 2 altbackene Croissants, jeweils in 6 Stücke gerissen
- 6 Feigen, halbiert
- 60 ml Honig
- 3 Eier
- 250 ml Milch
- 250 ml Sahne
- 55 g extrafeiner Zucker
- kalte Crème double zum Servieren

eine mittelgroße feuerfeste Auflaufform, leicht gebuttert

4 Portionen

Den Backofen auf 180 °C vorheizen.

Die Croissantstücke in die vorbereitete Auflaufform legen. Die Feigenstücke zwischen den Croissantstücken verteilen und alles mit dem Honig beträufeln.

Eier, Milch, Sahne und Zucker in einer Schüssel vermischen und in die Auflaufform gießen. Ca. 20 Minuten ruhen lassen, damit die Croissants einen Teil der Flüssigkeit aufsaugen können. Im vorgeheizten Backofen ca. 50 Minuten lang backen, bis der Auflauf dunkel goldbraun geworden ist.

Kurz abkühlen lassen und mit Crème double servieren.

Dieser Auflauf macht viel Eindruck, aber relativ wenig Arbeit. Die Süße und der buttrige Geschmack der Brioches passen sehr gut zu den säuerlichen Brombeeren. Versuchen Sie, für dieses Gericht sehr süße Brombeeren zu finden, weil die weicher und saftiger sind – und genau so soll es sein: Der dunkelrote Saft soll den Auflauf färben und ihm ein hübsches, marmoriertes Aussehen verleihen.

Brioche-Auflauf mit Brombeeren

4 Brioches (oder die Hälfte eines 400-g-Brioche-Laibs)

50 g weiche Butter

300 g Brombeeren

3 Eier

125 ml Sahne

375 ml Milch

75 g extrafeiner Zucker

2 Esslöffel Demerera-Zucker

Vanilleeis zum Servieren

eine mittelgroße feuerfeste Auflaufform

6 Portionen

Den Backofen auf 180 °C vorheizen.

Die Brioches in jeweils 6–8 dünne Scheiben schneiden. Auf einer Seite mit ein wenig Butter bestreichen und die Hälfte der Scheiben in eine Auflaufform legen, dabei leicht überlappen lassen. Die Hälfte der Brombeeren darauf verteilen. Mit den restlichen Briochescheiben und den Brombeeren ebenso verfahren.

Sahne, Eier, Milch und extrafeinen Zucker in einer Schüssel oder in einem Krug miteinander verschlagen. Die Mischung über die Brioches in der Form gießen. Mit Folie bedecken und 30 Minuten lang ruhen lassen, damit die Brioches einen Teil der Flüssigkeit aufsaugen können.

Den Demerera-Zucker über den Auflauf streuen und im vorgeheizten Backofen 40–50 Minuten lang backen, bis er goldbraun ist. Noch warm mit Vanilleeis servieren.

Dieser köstliche und erfrischend schmeckende Auflauf basiert auf einem traditionellen britischen Rezept. Wenn Sie ihn warm servieren, dann bildet die unterste Schicht eine säuerliche Zitronensoße für die leichte Biskuitschicht. Aber er schmeckt auch kalt köstlich, wenn aus der Soße eine leichte Eiercreme geworden ist, die zu den Brombeeren einfach traumhaft schmeckt. Na bitte: zwei Gerichte mit nur einem Rezept!

Kleine Brombeer-Zitronen-Aufläufe

200–250 g reife Brombeeren
100 g extrafeiner Zucker und 1 Esslöffel voll
4 Esslöffel weiche Butter
1 Vanilleschote, längs aufgeschlitzt
geriebene Schale und frisch gepresster Saft einer großen Zitrone
2 große Eier, getrennt
2 leicht gehäufte Esslöffel Mehl
250 ml Milch
4 Esslöffel Sahne
½ Teelöffel Weinsteinbackpulver
kalte Sahne zum Servieren

4–5 kleine feuerfeste Förmchen, gebuttert

4–5 Portionen

Den Backofen auf 180 °C vorheizen.

Die Brombeeren mit dem Esslöffel Zucker in eine Schüssel geben, behutsam vermischen und auf die Förmchen verteilen.

Die Butter mit dem restlichen Zucker in einer Schüssel schaumig schlagen. Mit der Spitze eines kleinen scharfen Messers das Vanillemark direkt in die Schüssel kratzen und unterschlagen. Die Zitronenschale ebenfalls unterschlagen, danach die Eigelbe. Das Mehl in die Schüssel sieben und unterrühren. Anschließend nach und nach die Milch, die Sahne und den Zitronensaft unterschlagen.

In einer separaten, absolut fettfreien Schüssel die Eiweiße mit dem Weinsteinbackpulver steif schlagen. Zwei Esslöffel Eischnee unter die Teigmasse schlagen, den Rest mit einem Pfannenwender unterheben. Die Mischung in die vorbereiteten Förmchen geben. Auf ein Backblech stellen und im vorgeheizten Backofen 30–35 Minuten lang backen, bis der Biskuit goldgelb ist. Heiß oder warm mit Sahne servieren.

Variante Wenn der Auflauf kalt serviert wird, in einer flachen feuerfesten Auflaufform mit 1 l Fassungsvermögen zusätzliche 5–10 Minuten backen. Abkühlen lassen (er wird zusammenfallen), dann im Kühlschrank kühlen. Vor dem Servieren 200 ml Schlagsahne mit zwei Esslöffeln Vanillezucker halbsteif schlagen. Die Sahne über den Auflauf streichen und mit Brombeeren und Zitronenzesten dekorieren.

An einem kalten Wintertag gibt es nichts Schöneres als das leise klappernde Geräusch, das ein Pudding in seinem Wasserbad macht. Am besten verwendet man für dieses Rezept kleinere Orangen, und zwar ungeschält: Sie werden mit allem Drum und Dran gegart, um optisch zu beeindrucken. Die Datteln sorgen dafür, dass der dunkle, klebrige Biskuit schön saftig bleibt.

Gedämpfter Pudding mit Schokolade, Orangen und Datteln

2–3 kernlose Orangen, ungeschält und jeweils in 6 gleichmäßige Scheiben geschnitten

150 ml Zuckersirup*

200 g weiche Butter

200 g Roh-Rohrzucker

fein geriebene Schale einer Orange

3 Esslöffel feine Orangenmarmelade

3 Eier, verquirlt

1 Esslöffel Orangenblütenwasser (wer mag)

150 g Mehl

50 g Kakaopulver

2 Teelöffel Backpulver

150 g verzehrfertige, entsteinte Datteln, klein geschnitten

heiße Vanillesoße zum Servieren

eine Puddingform (1,2 l), gebuttert, der Boden mit einem runden Stück Backpapier ausgelegt

6–8 Portionen

Die Orangenscheiben in den Zuckersirup tauchen. Mit einem runden Stück Backpapier bedecken und 30–40 Minuten lang sanft köcheln lassen. Die Orangenscheiben mit einem Schaumlöffel herausheben und auf einem Kuchengitter abtropfen lassen. Den Zuckersirup auf die Hälfte einkochen lassen und beiseite stellen. Die schönste Orangenscheibe auf das Backpapier in die Puddingform legen. Mit den übrigen Scheiben die Seiten auskleiden.

In einer großen Schüssel die Butter, den Roh-Rohrzucker und die Orangenschale schaumig rühren. Nacheinander die Marmelade, die Eier und das Orangenblütenwasser unterschlagen. Mehl, Backpulver und Kakaopulver auf einen Bogen Pergamentpapier sieben und unter die Schaummasse heben. Zuletzt die Datteln unterheben.

Den Teig in die mit Orangenscheiben ausgekleidete Puddingform füllen. Die Oberfläche glatt streichen und mit einem runden Stück Backpapier bedecken. Einen großen Bogen Alufolie in der Mitte knicken eine Falte machen. Die Folie so über die Puddingform legen, dass sich die Falte in der Mitte befindet. Die Folie seitlich andrücken, am oberen Rand mit einer Schnur befestigen und überstehende Folie abschneiden. Die Puddingform in einem weiten, hohen Topf auf einen Dreifuß stellen und so viel Wasser einfüllen, dass mindestens die unteren 5 cm der Form bedeckt sind. Den Topf mit einem Deckel verschließen und 2 Stunden lang sanft köcheln lassen. Dabei immer wieder Wasser nachfüllen.

Die Folie und das Backpapier entfernen und einen Spieß in die Mitte des Puddings stecken. Wenn beim Herausziehen noch Teig am Spieß klebt, den Pudding noch länger dämpfen lassen. Mit einem Messer den Pudding aus der Form lösen, auf einen Teller stürzen und mit Zuckersirup bestreichen. Noch heiß mit Vanillesoße servieren.

*Um einen einfachen Zuckersirup herzustellen, gibt man 150 ml Wasser in einen kleinen Topf und fügt 100 g extrafeinen Rohrzucker hinzu. Bei milder Hitze unter Rühren so lange köcheln lassen, bis sich der Zucker aufgelöst hat.

Pies, Tartes und Strudel

Dieser Kuchen ist eine Alternative zur klassischen Apfelpastete: Man kann ihn auf mehrere verschiedene Arten belegen, zum Beispiel mit einem Teiggitter oder – wie hier – mit Streuseln. Streng genommen ist das Rezept allerdings nicht holländisch, sondern stammt von den Amischen aus Amerika.

Holländische Apfel-Pie

Den Backofen auf 180 °C vorheizen.

Den Teig auf einer bemehlten Arbeitsfläche ausrollen und die Springform damit auslegen. Der Teig sollte auch die Seiten der Form bis zum oberen Rand bedecken. Während der Zubereitung der Füllung in den Kühlschrank stellen.

Die Äpfel schälen, entkernen, in Würfel schneiden und in eine Schüssel füllen. Den Zucker, die Sultaninen, den Zimt und den Zitronensaft hinzufügen und alles mit den Händen gründlich vermischen.

Außer den Walnüssen alle Zutaten für die Streusel in der Küchenmaschine zu groben Bröseln verarbeiten. Anschließend unter Verwendung der Momentstufe die Walnüsse untermischen.

Die Apfelmischung in die mit Teig ausgelegte Backform füllen. Mit den Streuseln gleichmäßig und bis zum Rand belegen. Die Teigränder säubern.

Mit Folie bedecken und im vorgeheizten Backofen ca. 30 Minuten lang backen. Die Folie entfernen und weitere 25–30 Minuten backen, bis die Streusel goldbraun sind. Noch warm mit Schlagsahne servieren.

500 g gebrauchsfertiger Mürbteig (Tiefkühlware aufgetaut)

1,3 kg säuerliche Tafeläpfel, z. B. Cox Orange oder Braeburn

100 g Zucker

100 g Sultaninen

1 Teelöffel gemahlener Zimt

1 Esslöffel frisch gepresster Zitronensaft

Schlagsahne zum Servieren

Für die Streuselteig:

90 g feiner Roh-Rohrzucker

45 g Mehl

120 g kalte Butter

1 Teelöffel gemahlener Zimt

1 Teelöffel gemahlene Muskatnuss

1 Teelöffel gemahlener Piment

1 Prise Salz

80 g geschälte Walnüsse, gehackt

eine Springform mit 24 cm Durchmesser, gebuttert und bemehlt

6–8 Portionen

Apfel-Pie-Fans sind davon überzeugt, dass die beste Pie mit Äpfeln unterschiedlicher Sorten zubereitet werden muss, weil so süße und säuerliche Aromen mit festen und weichen Konsistenzen kombiniert werden.

Klassische Apfel-Pie

1,3 kg gemischte Äpfel, z. B. Cox Orange, Braeburn und Golden Delicious, geschält und entkernt

50 g Zucker oder mehr, je nach Geschmack

1 Teelöffel gemahlener Zimt

1 Esslöffel frisch gepresster Zitronensaft

kalte Sahne zum Servieren

Für den Teig:

300 g Mehl

1 Teelöffel Zucker

¼ Teelöffel Salz

75 g Butter

75 g Schweineschmalz oder Pflanzenfett

1 Eigelb

1 Ei, verquirlt

extrafeiner Zucker zum Bestreuen

eine Pieform bzw. ein rundes Backblech mit schrägem Rand (23–25 cm Durchmesser), gebuttert

6–8 Portionen

Für den Teig Mehl, Zucker und Salz in der Küchenmaschine vermischen. Butter und Schweineschmalz dazugeben, das Ganze unter Verwendung der Momentstufe zu groben Bröseln verarbeiten. Das Eigelb und 4 Esslöffel kaltes Wasser untermischen. Die Masse sollte krümelig sein, aber nicht zusammenhalten.

Auf einer bemehlten Arbeitsfläche zu einer Kugel formen. Halbieren, gut in Klarsichtfolie einwickeln und eine Stunde lang im Kühlschrank ruhen lassen. Eine Teighälfte ausrollen und damit die Pieform auslegen. Den überstehenden Teig bis auf 1 cm abschneiden, Teigreste für die Dekoration aufbewahren. Während der Zubereitung der Füllung kühl stellen.

Die Äpfel in Scheiben schneiden – nicht zu dick und nicht zu dünn. Mit dem Zucker, dem Zimt und dem Zitronensaft in eine Schüssel geben und mit den Händen gut vermischen. In die mit Teig ausgelegte Backform geben.

Den Backofen auf 190 °C vorheizen.

Die zweite Teighälfte zu einer runden Platte ausrollen, die groß genug ist, um die Füllung zu bedecken. Die Ränder des Teiges in der Form mit dem verquirlten Ei bestreichen und die zweite Teigplatte darüberlegen. Den überstehenden Teig der unteren Schicht nach oben umklappen und mit den Fingerspitzen oder den Zinken einer Gabel festdrücken. Nach Belieben mit den Teigresten dekorieren (traditionellerweise mit ein paar Blättern), mit Ei bestreichen und mit Zucker bestreuen. 6–8 kurze Schlitze in den Deckel schneiden.

Auf ein Backblech stellen und ca. 50–60 Minuten lang backen, bis die Pie goldgelb ist. Warm mit Sahne servieren.

Bei dieser Variante eines klassischen Rezeptes ist der Teig mit Gewürzen angereichert und nimmt eine goldene Farbe an. Das Ausrollen des rustikalen und krümeligen Teiges und das Füllen mit den nach Zitrone duftenden Äpfeln ist ein sehr entspannender Vorgang, den Sie genießen werden.

Dunkle Apfel-Pie

Die Apfelscheiben mit dem Zitronensaft, der Zitronenschale und dem Zucker in einen großen Topf geben. Zudecken und bei geringer Hitze 15–20 Minuten lang köcheln lassen. Die Äpfel oft wenden, damit sie gleichmäßig weich und gar werden. Beiseite stellen und abkühlen lassen.

Für den Teig das Mehl, das Backpulver, den braunen Zucker und die Gewürze in der Küchenmaschine vermischen. Unter Rühren die Butter zugeben, und zwar jeweils ein paar Stückchen auf einmal. Das Ei und 1–2 Esslöffel kaltes Wasser untermischen. Der Teig sollte trocken und krümelig aussehen. In eine Schüssel umfüllen und zu einer Kugel kneten. In Frischhaltefolie wickeln und 30 Minuten lang im Kühlschrank ruhen lassen.

Den Backofen auf 180 °C vorheizen und ein Backblech mit erhitzen.

Den Teig in zwei Teile schneiden, wobei einer etwas größer sein sollte als der andere. Das größere Teigstück zwischen zwei Bögen Backpapier ausrollen und damit die vorbereitete Backform auslegen. Dabei sollte man vorsichtig vorgehen, denn der Teig ist ziemlich brüchig.

Die Äpfel auf den Teigboden geben. Den übrigen Teig ebenfalls ausrollen und über die Pastete legen. Die Ränder zurechtschneiden. Mit einem kleinen scharfen Messer den oberen Teig mehrmals einschneiden. Den Kuchen auf das heiße Backblech stellen und im vorgeheizten Backofen 50–55 Minuten lang backen, bis der Teig goldbraun geworden ist.

Die Pie aus dem Ofen nehmen und 15–20 Minuten lang ruhen lassen. In Stücke schneiden und mit Vanilleeis servieren.

8 säuerliche grüne Tafeläpfel (z. B. Granny Smith), geschält, entkernt und in dünne Scheiben geschnitten

2 Teelöffel frisch gepresster Zitronensaft

2 dünne Streifen Zitronenschale

55 g extrafeiner Zucker

250 g Mehl

2 Teelöffel Backpulver

185 g feiner Roh-Rohrzucker

1 Esslöffel gemahlener Zimt

1 Esslöffel gemahlener Ingwer

125 g kalte Butter in Stückchen

1 Ei, verquirlt

Vanilleeis zum Servieren

eine Quiche- oder Obstkuchenform mit herausnehmbarem Boden, 20 cm Durchmesser, 4 cm hoch, leicht gefettet

8–10 Portionen

Die Art, mehrere Schichten gebutterten Filoteigs zu verwenden und den Kuchen zu stürzen, wurde von der herzhaften marokkanischen Pastete „Bastilla" übernommen. Hier besteht die Füllung aber nicht aus Hühnchen, sondern aus Äpfeln, die nach Vanille duften.

Marokkanische Apfel-Pie

6 säuerliche grüne Tafeläpfel, geschält, entkernt und in dünne Scheiben geschnitten

1 Teelöffel fein geriebene Zitronenschale

2 Esslöffel frisch gepresster Zitronensaft

1 Vanilleschote, längs aufgeschlitzt

115 g extrafeiner Zucker

1 Teelöffel gemahlener Zimt

1 Teelöffel Stärkemehl

80 g zerlassene Butter, abgekühlt

8 Blätter Filoteig (Tiefkühlware aufgetaut, ersatzweise Blätterteig)

Puderzucker zum Bestäuben

kalte Sahne zum Servieren

eine Springform mit 20 cm Durchmesser, mit Backpapier ausgekleidet

8–10 Portionen

Die Apfelscheiben mit der Zitronenschale und dem Saft in eine säurebeständige Schüssel geben. Mit der Spitze eines kleinen scharfen Messers das Vanillemark aus der Schote direkt in die Schüssel kratzen. Die Hälfte des Zuckers untermischen. Den übrigen Zucker mit dem Zimt in einer kleinen Schüssel vermischen. Beiseite stellen.

Die Äpfel mit 2 Esslöffel Wasser in einem Topf bei mittlerer Hitze aufkochen lassen. Zudecken und 10 Minuten lang köcheln lassen, bis die Äpfel weich sind. Gelegentlich umrühren. In eine Schüssel umfüllen und abkühlen lassen. Wenn die Äpfel vollständig abgekühlt sind, das Stärkemehl unterrühren.

Den Backofen auf 220 °C vorheizen und ein Backblech mit erhitzen. Die Backform mit zerlassener Butter bestreichen.

Ein Blatt Filoteig auf eine saubere Arbeitsfläche legen und mit zerlassener Butter bestreichen. Mit ein wenig Zimtzucker bestreuen. Diesen Vorgang mit drei weiteren Teigblättern wiederholen. Den Filoteig in die Backform legen und vorsichtig andrücken, den Teig über den Rand hängen lassen. Mit den übrigen Teigblättern genauso verfahren. Den zweiten Teigstapel versetzt über den ersten legen, so dass der Rand der Backform vollständig mit Teig bedeckt ist. Die Füllung auf den Teig geben und mit der gewölbten Seite eines Löffels behutsam andrücken. Den überstehenden Teig umklappen und die Füllung damit bedecken. Mit zerlassener Butter bestreichen.

Schnell das heiße Backblech aus dem Backofen holen und mit Backpapier auslegen. Vorsichtig die Springform auf das Backblech stürzen. Die Form entfernen und die Oberfläche der Pastete mit zerlassener Butter bestreichen. Im vorgeheizten Backofen 30–35 Minuten lang backen, bis der Teig goldgelb und knusprig ist. Großzügig mit Puderzucker bestäuben und noch warm mit Sahne servieren.

Diese verlockende, fruchtige Tarte schmeckt einen Tag nach der Zubereitung noch besser. Wenn die Himbeeren zuvor eingefroren werden, behalten sie während des Backens ihre Form und werden nicht zu matschig.

Himbeer-Mandel-Tarte

150 g frische Himbeeren, tiefgefroren

1 Ei

3 Esslöffel extrafeiner Zucker

1 Esslöffel Mehl

75 g Butter

kalte Sahne zum Servieren

Für den Mandelteig:

50 g gemahlene Mandeln

200 g Mehl

80 g extrafeiner Zucker

125 g kalte Butter in Stückchen

eine rechteckige Tarteform, ca. 10 x 37 cm, leicht gefettet

6–8 Portionen

Den Backofen auf 180 °C vorheizen.

Für den Teig die gemahlenen Mandeln, das Mehl und den Zucker in eine Küchenmaschine geben. Unter Rühren die Butterstückchen einzeln zugeben, bis alles miteinander vermengt ist und die Mischung groben Semmelbröseln ähnelt. 2 Esslöffel kaltes Wasser untermischen. Nicht zu lange rühren.

Den Teig auf eine leicht bemehlte Arbeitsfläche legen und zu einer Kugel kneten, zwischen zwei Bögen Pergamentpapier ausrollen. Die Teigplatte sollte 5 cm länger und 5 cm breiter sein als die Tarteform. Vorsichtig den Teig in die Form legen und mit den Fingern festdrücken, den Teig über den Rand hängen lassen. Den Boden mit einer Gabel mehrmals einstechen und im vorgeheizten Backofen 20 Minuten lang backen, bis der Teig goldgelb ist. Den überstehenden Teig einfach abbrechen.

Das Ei, den Zucker und das Mehl in einer Schüssel zu einer dicken Masse verschlagen. Die Butter in einem kleinen Topf bei mittlerer Hitze schmelzen lassen, bis sie schäumt, goldbraun geworden ist und ein nussiges Aroma hat. Schnell die zerlassene Butter über die Eimischung gießen und gut verschlagen. Die gefrorenen Himbeeren in der Tarteform verteilen. Den warmen Teig über die Himbeeren gießen. Im noch heißen Backofen ca. 45 Minuten lang backen, bis die Oberfläche wie goldgelbes Baiser aussieht. 30 Minuten lang abkühlen lassen. In Stücke schneiden und mit Sahne servieren.

Dieses köstliche und einfache Rezept funktioniert am besten, wenn die Birnen schon überreif sind, so dass sie beim Backen butterweich werden.

Birnentarte mit Mandeln und Mascarpone

4 sehr reife Birnen
1 Esslöffel frisch gepresster Zitronensaft
4 Esslöffel extrafeiner Zucker
125 g Mascarpone
1 Ei
1 Esslöffel Mehl
100 g gehobelte Mandeln
2 Esslöffel Zucker
kalte Sahne oder Vanilleeis zum Servieren

Für den Teig:
200 g Mehl
4 Esslöffel extrafeiner Zucker
80 g kalte Butter in Stückchen

eine Quiche- oder Obstkuchenform mit herausnehmbarem Boden, 24 cm Durchmesser, leicht gefettet und bemehlt

8–10 Portionen

Für den Teig das Mehl und den Zucker in einer Küchenmaschine vermischen. Unter Rühren die Butter und 1–2 Esslöffel kaltes Wasser zugeben und alles miteinander vermengen, bis die Mischung groben Semmelbröseln ähnelt und anfängt, Klumpen zu bilden. Auf eine leicht bemehlte Arbeitsfläche geben und zu einer Kugel kneten. In Klarsichtfolie wickeln und eine Stunde im Kühlschrank ruhen lassen, bis der Teig fest ist.

Den Backofen auf 180 °C vorheizen.

Den kalten Teig in eine große Schüssel raspeln. Mit leicht bemehlten Händen die Teigraspel in der vorbereiteten Backform verteilen und mit den Fingern behutsam festdrücken, bis der Boden und die Ränder der Form bedeckt sind. Im vorgeheizten Backofen ca. 25 Minuten lang backen, bis der Teig goldgelb ist. Abkühlen lassen.

Die Birnen schälen, halbieren und entkernen. Mit dem Zitronensaft und 1 Esslöffel Zucker in eine säurebeständige Schüssel geben. Den übrigen Zucker in eine Küchenmaschine geben und mit dem Mascarpone, dem Ei und dem Mehl zu einer dicken Paste verarbeiten. Die Mischung auf den vorgebackenen Teig streichen. Darauf die Birnen verteilen und mit Mandelblättchen und Zucker bestreuen. Im noch heißen Backofen 40–45 Minuten lang backen, bis die Birnen weich sind und die Mascarponemischung sich gesetzt hat. In Stücke schneiden und mit Sahne oder Vanilleeis servieren.

Diese einfachen Törtchen sind ganz schnell zubereitet. Verwenden Sie dafür im Frühherbst, wenn es gerade noch Blaubeeren gibt, Äpfel der Sorte Red Delicious. Die beiden sind zum Kochen perfekt geeignet und schmecken zusammen mit Vanille einfach traumhaft. Übrig gebliebene Törtchen können Sie am nächsten Tag kalt zum Kaffee reichen. Bestäuben Sie sie einfach mit Puderzucker und essen Sie sie wie ein mit Frucht gefülltes Plunderstück.

Apfel-Blaubeer-Törtchen

375 g gebrauchsfertiger Blätterteig (Tiefkühlware aufgetaut)

2 Esslöffel extrafeiner Zucker

1 Vanilleschote, längs aufgeschlitzt

3 süße Tafeläpfel, z. B. Red Delicious oder Braeburn, entkernt und in Spalten geschnitten

150 g Blaubeeren

kalte Crème double zum Servieren

ein mit Backpapier ausgelegtes Backblech

4 Portionen

Den Backofen auf 220 °C vorheizen.

Die Arbeitsfläche mit etwas Mehl bestäuben und den Teig ausrollen. Mit einem scharfen Messer oder einem Pizzaschneider in vier Quadrate schneiden. Die Quadrate auf das vorbereitete Backblech legen.

Den Zucker und 2 Esslöffel Wasser in einem Topf zum Kochen bringen. Rühren, bis sich der Zucker aufgelöst hat. Mit der Spitze eines kleinen scharfen Messers das Vanillemark aus der Schote direkt in den Zuckersirup kratzen und unterrühren.

Die Apfelspalten in den Topf geben, die Hitze reduzieren und 4–5 Minuten lang köcheln lassen. Dabei die Äpfel behutsam wenden, damit sie gleichmäßig garen. Die Blaubeeren hinzufügen und vorsichtig rühren, um sie mit dem süßen Sirup zu überziehen. Die Äpfel und Blaubeeren auf den Teigquadraten verteilen. Im vorgeheizten Backofen 18–20 Minuten lang backen, bis der Teig aufgegangen und goldgelb ist. Auf jedes Törtchen einen Löffel Crème double setzen und noch warm servieren.

Variante: Für ein einfaches Apfel-Mandel-Törtchen französischer Art je 2 Esslöffel weiche Butter, gemahlene Mandeln und Puderzucker mit 1 Esslöffel Mehl in einer Schüssel zu einer Paste vermischen. Mit einem Eigelb glatt rühren. Die Teigquadrate mit der Mischung bestreichen und dabei einen Rand frei lassen. Mit den Apfelspalten belegen. Im vorgeheizten Backofen bei 220 °C 18–20 Minuten lang backen, bis die Törtchen aufgegangen und goldgelb sind.

Diese Törtchen können Sie im Prinzip mit jeder Art von Obst zubereiten: mit kleinen Pfirsichen, Nektarinen, Aprikosen, Pflaumen, Äpfeln, Blaubeeren, Ananas oder gemischten Beeren. Mandelblättchen, Walnüsse und Pekannüsse sind eine gute Ergänzung zu den Früchten. Würfelzucker zerkleinert man, indem man ihn in einen Gefrierbeutel füllt und mit dem Nudelholz daraufklopft.

Törtchen mit Cranberrys und karamellisierten Birnen

375 g gebrauchsfertiger Blätterteig (Tiefkühlware aufgetaut)

2 große reife Birnen, geschält, halbiert und entkernt

25 g getrocknete Cranberrys

25 g kalte Butter in Stückchen

Milch zum Bestreichen

3 Esslöffel Hagelzucker oder 75 g zerkleinerter Würfelzucker (siehe Einführung zum Rezept)

1 Teelöffel gemahlener Zimt

kalte Crème double oder Crème fraîche zum Servieren

4 Portionen

Den Backofen auf 220 °C vorheizen, ein antihaftbeschichtetes Backblech mit erhitzen.

Eine Arbeitsfläche mit etwas Mehl bestäuben und den Teig ausrollen. Mit einem scharfen Messer oder einem Pizzaschneider in 4 Quadrate schneiden.

Auf jedes Teigquadrat in die Mitte eine Birnenhälfte legen und die getrockneten Cranberrys auf die Quadrate verteilen. Mit den Butterstückchen belegen. Die Teigränder mit ein wenig Milch bestreichen. Den Hagelzucker oder die zerdrückten Zuckerwürfel mit dem Zimt vermischen und über die Törtchen streuen.

Die Törtchen vorsichtig auf das heiße Backblech setzen und im vorgeheizten Backofen 35–40 Minuten lang backen, bis der Teig goldbraun und knusprig ist und die Birnen weich sind. Noch warm mit Sahne oder Crème fraîche servieren.

Es wird viel darüber diskutiert, welches die beste Apfelsorte für eine Tarte Tatin ist. Golden Delicious sind gut geeignet, weil sie nicht zusammenfallen und ihr milder Geschmack das köstliche Karamell gut ergänzt.

Tarte Tatin

Für den Teig das Mehl, den Zucker, die Butter und das Salz in einer Küchenmaschine vermischen. 3–4 Esslöffel kaltes Wasser zugeben und gerade so lange rühren, bis sich die Zutaten miteinander verbunden haben. Den Teig in Backpapier einwickeln und vor dem Ausrollen an einem kühlen Ort 30–60 Minuten lang ruhen lassen.

Den Teig auf einer bemehlten Arbeitsfläche ausrollen. Die Tarte-Tatin-Form verkehrt herum auf den Teig legen und den Umriss der Form mit der Spitze eines scharfen Messers nachzeichnen. Auf einen großen Teller legen und kühl stellen.

Butter und Zucker in die Tarteform geben und bei starker Hitze unter Rühren schmelzen lassen. Vom Herd nehmen und die Apfelviertel in zwei gegenläufigen Kreisen in der Form anordnen. Auf den Herd zurückstellen und ca. 30 Minuten lang köcheln lassen. Ab diesem Zeitpunkt die Äpfel gut beobachten und weitere 5–15 Minuten köcheln lassen, bis die Flüssigkeit eindickt und karamellisiert.

Den Backofen auf 200 °C vorheizen. Die Form vom Herd nehmen und mit der Teigplatte belegen, überstehenden Teig behutsam in die Form stecken. Im vorgeheizten Backofen ca. 45 Minuten lang backen, bis der Teig gebräunt ist. Nur kurz abkühlen lassen. Die Tarte vorsichtig auf eine Servierplatte stürzen, so dass sich nun der Teig unten befindet. Auf Raumtemperatur abkühlen lassen und mit Crème fraîche servieren.

150 g Butter

150 g extrafeiner Zucker

1,5 kg säuerliche Tafeläpfel, z. B. Golden Delicious oder Cox Orange, geschält, entkernt und geviertelt

Crème fraîche zum Servieren

Für den Tarteteig:

200 g Mehl

2 Teelöffel extrafeiner Zucker

100 g kalte Butter in Stückchen

eine schwere, flammfeste Tarte-Tatin-Form (idealerweise emailliertes Gusseisen oder beschichtetes Kupfer), 20 cm Durchmesser

6 Portionen

Was könnte es Besseres geben als die Schlichtheit von in Rotwein pochierten Birnen? Diese Tarte hier! Die Früchte absorbieren den intensiven Geschmack des Weins und nehmen eine fantastische dunkle Farbe an. Wenn Sie mögen, verwenden Sie statt des Rotweins italienischen Vin Santo oder Marsala und reduzieren Sie die Zuckermenge. Die Birnen werden so wunderschön dunkel mahagonifarben.

Tarte mit beschwipsten Birnen

8 mittelgroße unreife Birnen

1 Zimtstange

75 g extrafeiner Zucker

600 ml vollmundiger Rotwein

gehackte Pistazien oder gehobelte Mandeln zum Dekorieren

Crème fraîche zum Servieren

Für die Pâte Brisée:

200 g Mehl

1 große Prise Salz

100 g weiche Butter in Stückchen

1 Eigelb

2½–3 Esslöffel eiskaltes Wasser

eine gusseiserne Pfanne mit 25 cm Durchmesser

6 Portionen

Für den Teig Mehl und Salz auf eine saubere Arbeitsfläche sieben. Mit der Faust eine Vertiefung in die Mitte drücken. In die Vertiefung das Eigelb und die Butter geben. Mit der Hand Eigelb und Butter vermengen, bis die Mischung wie Rührei aussieht. Etwas Mehl über die Eimischung geben und mit einem Palettenmesser durchhacken, bis das Ganze fast miteinander vermengt ist. Mit dem Wasser beträufeln und noch einmal durchhacken. Schnell alles mit den Händen verkneten. Eine Kugel formen und diese etwas flach drücken. In Frischhaltefolie wickeln und mindestens 30 Minuten lang im Kühlschrank ruhen lassen. Vor dem Ausrollen Raumtemperatur annehmen lassen.

Die Birnen schälen, längs halbieren und sorgfältig das Kerngehäuse entfernen. Die Birnenhälften in konzentrischen Kreisen in der Bratpfanne anordnen. Die Zimtstange über den Birnen zerkrümeln und den Zucker darüber streuen. Den Wein angießen und zum Kochen bringen. Die Pfanne mit einem Deckel verschließen und die Birnen ca. eine Stunde lang leise köcheln lassen, bis sie weich sind.

Den Backofen auf 200 °C vorheizen. Die Flüssigkeit aus der Pfanne in einen Topf abgießen und dabei die Birnen mit dem Deckel zurückhalten. Die Flüssigkeit aufkochen, sirupartig einreduzieren lassen und wieder über die Birnen gießen.

Auf einer leicht bemehlten Arbeitsfläche den Teig zu einem Kreis ausrollen, der etwas größer ist als die Pfanne. Den Teig über die Birnen legen und die Teigränder in die Pfanne stecken. 35–40 Minuten lang backen, bis der Teig knusprig und goldgelb ist. Sobald die Tarte fertig ist, auf eine Servierplatte stürzen, mit Pistazien oder Mandelblättchen bestreuen und noch warm mit Crème fraîche servieren.

Varianten dieser Tarte werden in ganz Frankreich in Konditoreien verkauft. Wenn die Pfirsiche Saison haben und ihren geschmacklichen Höhepunkt erreicht, erscheinen die Tartes in den Schaufenstern in all ihrer rustikalen Pracht. So einfach und doch so lecker! Sie können fertigen Blätterteig verwenden, aber Sie sollten dieses einfache „Schummelrezept" wenigstens ein Mal ausprobieren.

Pfirsichtarte

4–6 reife Pfirsiche

55 g Butter

frisch gepresster Saft einer halben Zitrone

150 g extrafeiner Zucker

Schlagsahne oder Crème fraîche zum Servieren

Für den „Schummelblätterteig":

250 g Mehl

1 Prise Salz

150 g tiefgefrorene Butter

ca. 150 ml eiskaltes Wasser

einen Teller mit ca. 28 cm Durchmesser (als Schablone)

6 Portionen

Für den Teig das Mehl und das Salz in eine Schüssel sieben. Die gefrorene Butter mit einem Geschirrtuch festhalten und auf der groben Reibefläche einer Vierkantreibe schnell ins Mehl raspeln. Die Butterraspel mit dem Mehl verrühren, um sie gleichmäßig zu verteilen. Mit dem Wasser beträufeln und vermischen, bis der Teig anfängt, ein unregelmäßiger Klumpen zu werden. Diesen auf einer bemehlten Arbeitsfläche zu einer klumpigen Kugel kneten, etwas flach drücken, in Frischhaltefolie wickeln und 30 Minuten lang im Kühlschrank fest werden lassen. Auswickeln und zu einem 1 cm dicken Rechteck ausrollen, das ungefähr dreimal länger als breit ist. Mit einem stumpfen Messer auf dem Teig drei Teile markieren. Ein Drittel über das mittlere Drittel klappen, darüber das dritte Drittel. Wieder einwickeln und 15 Minuten lang kühl stellen. Diesen Vorgang noch zweimal wiederholen. Einwickeln und 30 Minuten lang kühl stellen.

Den Backofen auf 230 °C vorheizen. Den Teig auf einer leicht bemehlten Arbeitsfläche ausrollen und mit Hilfe eines großen Tellers als Schablone einen Kreis ausschneiden. Auf ein Backblech legen und den Teig rundherum umklappen und festdrücken, so dass ein Rand entsteht. Auf dem Backblech 30 Minuten lang in den Kühlschrank oder das Gefrierfach stellen.

Die Pfirsiche schälen, halbieren, entsteinen und in grobe Scheiben schneiden. Die Butter in einen großen Topf geben, Zitronensaft und die Hälfte des Zuckers hinzufügen. Erhitzen, bis die Butter geschmolzen ist und der Zucker sich aufgelöst hat. Die Pfirsichscheiben zugeben und behutsam umrühren. Das Obst auf den Teig häufen, mit dem restlichen Zucker bestreuen und 20–25 Minuten lang backen, bis der Teig aufgegangen und goldgelb ist und die Füllung karamellisiert hat. Mit Schlagsahne oder Crème fraîche servieren.

Diese ungewöhnlichen Törtchen sind zugleich Käsegang und Dessert – ein fantastisches Finale für jede Dinnerparty!

Tartelettes mit Birnen, Gorgonzola und Pekannüssen

375 g gebrauchsfertiger Blätterteig (Tiefkühlware aufgetaut)

1 Ei, verquirlt

200 g Gorgonzola

4 Esslöffel Crème double

2–3 reife Birnen

75 g Pekannüsse

6 Teelöffel reiner Ahornsirup

Cayennepfeffer zum Abschmecken

6 Portionen

Den Backofen auf 220 °C vorheizen.

Den Teig ausrollen, in der Mitte halbieren und jede Hälfte in drei Teile schneiden, um sechs gleich große Stücke zu erhalten. Mit der Spitze eines scharfen Messers auf jedem Stück einen ca. 1,5 cm breiten Rand markieren. Diesen mit dem verquirlten Ei bestreichen. Dabei ist darauf zu achten, dass nicht über die Rille gestrichen wird (sonst geht der Teig an den Rändern nicht auf).

Den Gorgonzola in einer Schüssel mit einer Gabel grob zerkleinern, mit der Crème double verrühren. Mit ein wenig Cayennepfeffer würzen und auf die Teigquadrate streichen, dabei die Ränder frei lassen. Die Pekannüsse in grobe Stücke brechen und auf die Törtchen verteilen. Die Birnen schälen, entkernen und vierteln. Die Viertel in je drei Spalten schneiden und über den Käse und die Nüsse legen. Jedes Törtchen mit einem Teelöffel Ahornsirup beträufeln und im vorgeheizten Backofen 15–20 Minuten lang backen, bis der Teig gut gebräunt und aufgegangen ist. Vor dem Servieren 5 Minuten lang abkühlen lassen.

Apfeltarte ist natürlich ein Klassiker, aber hier wurde das Rezept ein klein wenig abgewandelt. Die Verbindung von Äpfeln und Vanille ist absolut göttlich, deshalb wurde bei dieser Tarte eine Schicht Vanille-Apfelmus eingefügt.

Apfeltarte

Den Teig auf einer bemehlten Arbeitsfläche zu einem Kreis ausrollen, der etwas größer ist als die vorbereitete Backform. Den Teig in die Backform legen und mit einem Nudelholz darüber rollen, um den überstehenden Teig zu entfernen. Im Kühlschrank mindestens 30 Minuten lang fest werden lassen.

Zum Blindbacken den Backofen auf 200 °C vorheizen. Den Teigboden überall einstechen, mit Backpapier auslegen und mit Hülsenfrüchten oder Reis beschweren. Im vorgeheizten Backofen 15 Minuten lang backen, dann Papier und Gewichte entfernen und weitere 10–15 Minuten lang backen, bis der Teig goldgelb ist. Vor dem Füllen abkühlen lassen.

Für das Vanille-Apfelmus die Äpfel, die Vanilleschote, den Zucker und die Butter mit 3–4 Esslöffel Wasser in einen Topf geben. Unter häufigem Rühren ca. 10–15 Minuten lang sanft köcheln lassen, bis die Äpfel weich sind (falls nötig, Wasser nachfüllen). Die Vanilleschote herausnehmen und mit der Spitze eines kleinen scharfen Messers das Mark aus der Schote direkt in die Apfelmischung kratzen. Diese in eine Küchenmaschine geben und glatt pürieren.

Den Backofen auf 190 °C vorheizen. Das Mus gleichmäßig auf dem Teig verteilen. Die Apfelscheiben am Rand der Form in einem sauberen Kreis leicht überlappend auf das Mus legen. Einen zweiten, inneren Kreis bilden. Die Apfelscheiben zurechtschneiden und so anordnen, dass sie in die entgegengesetzte Richtung zeigen wie die Scheiben des äußeren Kreises. Mit zerlassener Butter bestreichen und mit Zucker bestreuen.

Im vorgeheizten Backofen 20–25 Minuten lang backen, bis die Äpfel gebräunt sind. Noch warm mit Sahne servieren.

1 Portion Tarteteig (s. Seite 117; Raumtemperatur)

3 milde Tafeläpfel, z. B. Golden Delicious, geschält, entkernt und in Scheiben geschnitten.

1 Esslöffel zerlassene Butter

1 Esslöffel Zucker

kalte Sahne zum Servieren

Für das Vanille-Apfelmus:

3 Äpfel (Sorte ist beliebig), geschält, entkernt und in Würfel geschnitten

1 Vanilleschote, längs aufgeschlitzt

2–4 Esslöffel extrafeiner Zucker zum Abschmecken

2 Teelöffel Butter

eine Quiche- oder Obstkuchenform mit herausnehmbarem Boden, 27 cm Durchmesser, gebuttert und leicht bemehlt

6–8 Portionen

Dies ist ein typisch französisches Gebäck. Manchmal werden die Birnen einfach nur halbiert, aber es sieht hübscher aus, wenn man sie in Scheiben schneidet.

Birnen-Mandel-Tarte

1 vorgebackener Tarteteig, entweder mit 27 cm Durchmesser oder 11 x 35 cm, wie abgebildet (Tarteteig s. Seite 117, Blindbackmethode s. Seite 125)

100 g weiche Butter

100 g Zucker

2 große Eier

100 g gemahlene Mandeln

2 Esslöffel Mehl

Mark einer halben Vanilleschote oder 1 Teelöffel Vanillearoma

3–4 reife Birnen, z. B. Williams Christ, geschält, entkernt und in Scheiben geschnitten

Vanilleeis oder heiße Vanillesoße zum Servieren

eine rechteckige Tarteform, leicht gefettet

6 Portionen

Den Backofen auf 190 °C vorheizen.

Butter und Zucker schaumig schlagen. Die Eier einzeln hinzufügen und jeweils gut unterschlagen. Geriebene Mandeln, Mehl und Vanille untermischen.

Die Mandelmischung auf den Teig geben und glattstreichen. Mit den Birnenscheiben belegen.

Im vorgeheizten Backofen 20–25 Minuten lang backen, bis die Tarte aufgegangen und goldgelb ist. Noch warm mit Vanilleeis oder Vanillesoße servieren.

Hier werden frischer Ricotta, reife Kirschen und knuspriger Filoteig kombiniert. Und das Beste: Sie können den Strudel im Voraus zubereiten und einfrieren. Er muss vor dem Backen nicht auftauen – geben Sie ihm einfach ein bisschen mehr Zeit im Backofen. Statt mit Kirschen können Sie das Rezept auch einmal mit in Scheiben geschnittenen grünen Äpfel ausprobieren.

Kirsch-Ricotta-Strudel

500 g frische Kirschen, halbiert und entsteint

60 g Puderzucker und zusätzlich zum Bestäuben

2 Teelöffel Stärkemehl

8 Blätter Filoteig (Tiefkühlware aufgetaut, ersatzweise Blätterteig)

100 g gemahlene Mandeln

150 g frischer Ricotta

75 g zerlassene Butter

8 Portionen

Die Kirschen mit 1 Esslöffel des Puderzuckers und dem Stärkemehl in einer Schüssel vermischen. 30 Minuten lang ruhen lassen, oft umrühren.

Den Backofen auf 220 °C vorheizen und ein Backblech mit erhitzen.

Die gemahlenen Mandeln und 2 Esslöffel Puderzucker in einer Schüssel vermischen. In einer separaten Schüssel den Ricotta mit dem restlichen Puderzucker vermischen. Beiseite stellen.

Einen Bogen Backpapier auf eine Arbeitsfläche legen. Ein Blatt Filoteig darauflegen und mit zerlassener Butter bestreichen, bis der Teig glänzt. 1–2 Esslöffel der Mandelmischung über den Teig streuen. Mit den übrigen Teigblättern, der zerlassenen Butter und den Mandeln ebenso verfahren. Den Abschluss bildet ein Blatt Filoteig.

Schnell, damit der Teig nicht durchweicht, die Ricottamischung auf dem Teig verteilen und dabei einen 5 cm breiten Rand frei lassen. Die Kirschen über dem Ricotta verteilen. Den Teig von der Längsseite her aufrollen und die Seitenränder nach innen klappen. Mit Hilfe von Backpapier den Strudel mit der Naht nach unten auf das heiße Backblech setzen. Im vorgeheizten Backofen 12–15 Minuten lang backen, bis der Strudel goldgelb ist.

Aus dem Ofen nehmen und kurz abkühlen lassen. Vor dem Servieren großzügig mit Puderzucker bestäuben und in Scheiben schneiden.

Krokant ist eine großartige „geheime“ Zutat: Die Zubereitung ist ein Kinderspiel und er ist eine tolle Ergänzung für viele Süßspeisen. Hier verbündet er sich mit knusprigem, blättrigem Filoteig, um aus einem Gebäck, das sonst nur ein gewöhnlicher Strudel wäre, etwas Überdurchschnittliches zu machen.

Apfelstrudel mit Krokant

450 g säuerliche Tafeläpfel, z. B. Cox Orange oder Braeburn, geschält, entkernt und klein geschnitten

75 g gemischte Trockenfrüchte, z. B. Sultaninen, Cranberrys oder Sauerkirschen

100 g feiner Roh-Rohrzucker

1 Teelöffel gemahlener Zimt

1 Esslöffel Butter

6 Blätter Filoteig (Tiefkühlware aufgetaut, ersatzweise Blätterteig)

50 g zerlassene Butter

Puderzucker zum Bestäuben

Schlagsahne oder Crème fraîche zum Servieren

Für den Krokant:

75 g Pekannüsse

40 g extrafeiner Zucker

ein mit Backpapier ausgelegtes Backblech

6–8 Portionen

Für den Krokant die Pekannüsse und den Zucker in einer antihaftbeschichteten Pfanne mit schwerem Boden bei mittlerer bis starker Hitze unter ständigem Rühren erhitzen, bis der Zucker fest wird und die Nüsse umhüllt. Auf einem Teller abkühlen lassen und anschließend in einer Kaffeemühle oder einer kleinen Küchenmaschine zu grobem Pulver vermahlen. Beiseite stellen.

Die Apfelstücke, die Trockenfrüchte, den braunen Zucker, den Zimt und 1 Esslöffel Butter in einem großen Topf vermischen. Bei mittlerer Hitze 15 Minuten lang köcheln lassen, bis die Äpfel weich sind und die Flüssigkeit verdampft ist. Vom Herd nehmen und abkühlen lassen.

Den Backofen auf 190 °C vorheizen.

2 Blätter Filoteig auf das vorbereitete Backblech legen und mit etwas zerlassener Butter bestreichen. Mit ein wenig Krokant bestreuen. 2 weitere Blätter Filoteig darüberlegen und den Vorgang wiederholen. Die letzten beiden Teigblätter darüber legen und gleichmäßig mit der Apfelmasse bestreichen. Mit Krokant bestreuen und das Ganze vorsichtig von der Längsseite her aufrollen, wie man es mit einer Biskuitrolle tun würde. Falls erforderlich, beim Aufrollen das Backpapier zu Hilfe nehmen. Der Strudel sollte auf der Naht liegen. Mit zerlassener Butter bestreichen, mit dem restlichen Krokant bestreuen und im vorgeheizten Backofen 25–35 Minuten lang backen, bis der Teig knusprig und goldgelb ist.

Kurz abkühlen lassen und mit Puderzucker bestreuen. Noch warm mit Schlagsahne oder Crème fraîche servieren.

Dieses einfache Gericht können Sie mit jedem beliebigen Obst zubereiten, das gerade Saison hat – Äpfel, Birnen oder Aprikosen –, aber mit Pflaumen schmeckt es wahrscheinlich am besten. Welche Form Sie den Gebäckstücken verleihen, hängt davon ab, wie der Blätterteig verpackt ist: Sie können ihn in Vierecke, Kreise oder Dreiecke schneiden. Achten Sie darauf, dass die Pflaumen nicht zu reif sind, sondern gerade weich.

Gebackene Pflaumen in Blätterteig

Den Backofen auf 190 °C vorheizen.

Den Teig auf einer bemehlten Arbeitsfläche ausrollen und in 4 ca. 9 x 15 cm große Rechtecke schneiden. Auf das vorbereitete Backblech legen. Mit dem Ei bestreichen und mit reichlich extrafeinem Zucker bestreuen. Im vorgeheizten Backofen 15–20 Minuten lang backen, bis das Gebäck aufgegangen und gebräunt ist. Aus dem Backofen nehmen und abkühlen lassen. Den Backofen nicht ausschalten.

Die Pflaumen halbieren, entsteinen und in Viertel schneiden. Die Pflaumen in eine Auflaufform geben, mit dem Zucker bestreuen und im noch heißen Ofen 20–30 Minuten lang backen, bis sie weich und leicht gebräunt sind. Abkühlen lassen.

Zum Anrichten die Blätterteigteilchen mit einem scharfen Messer quer halbieren, aber nicht ganz durchschneiden. Mit einem großen Klecks der gesüßten Crème fraîche und den Pflaumen füllen. Sofort servieren, solange der Teig noch knusprig ist.

375 g gebrauchsfertiger Blätterteig (Tiefkühlware aufgetaut)

1 Ei, verquirlt

ca. 4 Esslöffel extrafeiner Zucker

6–8 große rote Pflaumen (nicht zu reif)

50 g Zucker

200 g Crème fraîche, mit 1–2 Esslöffeln extrafeinem Zucker gesüßt

ein mit Backpapier ausgelegtes Backblech

4 Portionen

Kuchen zum Dessert

Bei diesem Kuchen werden süße, sommerliche Erdbeeren in einem glatten, dichten Teig gebacken. Buttermilch verleiht ihm seine leichte und cremige Krume. Er kann in einer konventionellen runden Form gebacken werden oder in einer quadratischen und zum Servieren in Quadrate geschnitten werden. Kleine Erdbeeren können Sie ganz lassen, aber größere sollten Sie halbieren oder vierteln, bevor Sie sie unter den Teig heben.

Erdbeer-Buttermilch-Kuchen

250 g Mehl

3 Teelöffel Backpulver

225 g extrafeiner Zucker

125 g weiche Butter

2 Eier

250 ml Buttermilch

375 g entstielte Erdbeeren

Heiße Vanillesoße oder kalte Crème double zum Servieren

Für den Belag:

40 g Mehl

50 g kalte Butter in Stückchen

95 g feiner Roh-Rohrzucker

eine quadratische Backform, 24 cm, gefettet und der Boden mit Backpapier ausgelegt

6–8 Portionen

Den Backofen auf 180 °C vorheizen.

Mehl, Backpulver und Zucker in einer Schüssel verrühren. Die Butter, die Eier und die Buttermilch in einer Küchenmaschine glatt rühren. Unter Rühren die Mehlmischung zugeben und unterrühren. Die Seitenwände der Schüssel abkratzen, damit alle Zutaten gleichmäßig miteinander vermischt sind. In eine Rührschüssel umfüllen und die Erdbeeren unterheben. Den Teig in die vorbereitete Backform füllen und glattstreichen.

Für den Belag das Mehl und die Butter in einer Schüssel mit den Fingerspitzen zu groben Krümeln verarbeiten. Den Zucker unterrühren.

Den Belag gleichmäßig über dem Kuchenteig verteilen. Im vorgeheizten Backofen 50 Minuten lang backen, bis der Kuchen goldbraun ist.

Abkühlen lassen. In Quadrate schneiden und mit Vanillesoße oder Crème double servieren.

Dieser Kuchen befindet sich irgendwo zwischen amerikanischem Biskuit und einem englischen Scone. Er ist leicht zuzubereiten, schmeckt köstlich und hat den „Ich kann gar nicht glauben, dass ich das selbst gemacht habe!“-Faktor. Weil die Zubereitungsart so einfach ist, hängt das Ergebnis größtenteils von der Qualität der verwendeten Früchte ab. Nehmen Sie also unbedingt nur die besten Pfirsiche. Sie sollten noch fest sein und den typischen Pfirsichduft haben.

Himbeer-Pfirsich-Kuchen

100 g gute Himbeerkonfitüre
250 ml geschlagene Sahne
2 frische Pfirsiche, entsteint und in Scheiben geschnitten
300 g frische Himbeeren

Für den Teig:
375 g Mehl
4 Teelöffel Backpulver
250 ml flüssige Schlagsahne
250 ml Zitronenlimonade (nicht zucker- oder kalorienreduziert)

eine Quiche- oder Obstkuchenform mit herausnehmbarem Boden, ca. 20 cm Durchmesser, leicht gefettet

8 Portionen

Den Backofen auf 180 °C vorheizen.

Das Mehl mit dem Backpulver in einer großen Schüssel vermischen und in die Mitte eine Vertiefung drücken. Die Sahne und die Limonade hinzufügen und alles mit einem Holzlöffel vermischen.

Den Teig in die vorbereitete Backform füllen und behutsam festdrücken. Im vorgeheizten Backofen 30–35 Minuten lang backen, bis der Teig goldbraun ist. Abkühlen lassen.

Mit einem langen, scharfen Messer ca. 0,5 cm des Kuchenbodens oben abschneiden, um eine glatte Oberfläche zu erhalten. Die Konfitüre gleichmäßig über den Teig streichen.

Mit einem Löffel die Schlagsahne über dem Kuchen verteilen, mit den Himbeeren und Pfirsichscheiben belegen und sofort servieren.

Dies ist ein köstlich würziger Kuchen, der eindeutig nach mehr schmeckt. Wenn gemahlener Ingwer zu lange im Küchenschrank steht, verliert er sein Aroma. Achten Sie also darauf, dass der hier verwendete Ingwer das Verfallsdatum noch nicht überschritten hat. Statt der Birnen können Sie für dieses Rezept auch Äpfel verwenden, dabei sollten Sie den gemahlenen Ingwer durch Zimt ersetzen.

Birnenkuchen mit Ingwerstreuseln

125 g weiche Butter

125 g extrafeiner Zucker

2 Eier (Raumtemperatur)

125 g Mehl

2 Teelöffel Backpulver

2 feste Birnen, geschält, entkernt und in Scheiben geschnitten

1 Esslöffel frisch gepresster Zitronensaft

kalte Crème double zum Servieren

Für die Ingwerstreusel:

60 g Mehl

1 Teelöffel gemahlener Ingwer

3 Esslöffel feiner Roh-Rohrzucker

50 g kalte Butter in Stückchen

eine Springform mit 20 cm Durchmesser, leicht gefettet, der Boden mit Backpapier ausgelegt

6 Portionen

Den Backofen auf 180 °C vorheizen.

Für die Streusel das Mehl und den Ingwer in einer großen Schüssel vermischen. Die Butter zugeben und mit den Fingerspitzen schnell in das Mehl einarbeiten. Den Zucker zugeben und ebenfalls einarbeiten, bis die Mischung grobem Sand ähnelt. Bis zur Verwendung kühl stellen.

Butter und Zucker schaumig rühren. Die Eier einzeln hinzufügen und jeweils gut unterschlagen. Mehl und Backpulver zugeben und 1 Minute lang schlagen, bis alles gut miteinander vermischt ist und die Masse glatt. In die vorbereitete Backform füllen. Die Birnen in einer Schüssel mit dem Zitronensaft vermengen und auf den Teig legen. Die Streusel darüber verteilen. Im vorgeheizten Backofen 40–45 Minuten lang backen, bis der Kuchen goldgelb ist.

Kurz abkühlen lassen. Aus der Form nehmen und noch warm mit Crème double servieren.

Hierfür können Sie entweder gelb- oder weißfleischige Pfirsiche verwenden. Die gelbfleischigen haben einen kräftigeren Geschmack, während die weißfleischigen über ein feineres Aroma verfügen, das mehr dem von Nektarinen ähnelt, die ja im Grunde auch Pfirsiche sind – nur ohne die flaumige Haut.

Verkehrter Pfirsichkuchen

4 große frische Pfirsiche
125 g weiche Butter
185 g feiner Roh-Rohrzucker
3 Eier, getrennt
185 g Mehl
2 Teelöffel Backpulver
250 ml saure Sahne
Puderzucker zum Bestäuben
kalte Sahne zum Servieren

eine Springform mit 23 cm Durchmesser, der Boden mit Backpapier ausgelegt und leicht gefettet

8 Portionen

Den Backofen auf 180 °C vorheizen.

Die Pfirsiche halbieren, entsteinen und in Viertel schneiden. Den Boden der vorbereiten Backform mit den Pfirsichvierteln auslegen und beiseite stellen.

In einer großen Schüssel die Butter mit dem Zucker so lange schlagen, bis sich der Zucker vollständig aufgelöst hat und die Mischung karamellfarben ist. Die Eigelbe einzeln hinzufügen und jeweils eine Minute lang schlagen. Das mit Backpulver vermischte Mehl und die saure Sahne in zwei Portionen unterheben.

In einer separaten, fettfreien Schüssel die Eiweiße steif schlagen. Mit einem großen Metalllöffel den Eischnee portionsweise unter den Kuchenteig heben. Die Mischung über die Pfirsiche geben und glatt streichen. Im vorgeheizten Backofen 40–45 Minuten lang backen, bis die Oberfläche des Kuchens goldgelb ist und auf leichten Druck zunächst nachgibt und dann wieder zurückspringt.

10 Minuten lang in der Backform abkühlen lassen, dann vorsichtig herausnehmen. Mit Puderzucker bestäuben und noch warm mit Sahne servieren.

Dieser Kuchen stammt aus Somerset. Da traditionelle Gerichte aus dem Südwesten Englands bisweilen etwas spartanisch sind, wurde hier das Grundrezept mit Honig und Gewürzen ein wenig aufgepeppt.

Gewürz-Apfel-kuchen

Den Backofen auf 160 °C vorheizen.

Die Butter und den braunen Zucker schaumig rühren. Den Honig unterschlagen. In einer separaten Schüssel die beiden Mehlsorten, das Backpulver und die Gewürze miteinander vermischen.

Die Mehlmischung unter die Schaummasse heben, dann die Eier hinzufügen und gut untermischen. Die gemahlenen Mandeln, die Sultaninen, die Äpfel und die Milch hinzufügen und untermischen. Den Teig in die vorbereitete Backform füllen und glattstreichen.

Im vorgeheizten Backofen 50–60 Minuten lang backen, bis der Teig aufgegangen ist und der Kuchen goldgelb ist. Mit einem Holzspieß Garprobe machen. Kurz in der Form abkühlen lassen, dann auf ein Kuchengitter stürzen. Nach dem Abkühlen mit den gerösteten Mandelblättchen bestreuen und mit dem Puderzucker bestäuben. Vor dem Servieren in Quadrate schneiden.

225 g weiche Butter

200 g feiner Roh-Rohrzucker

6 Esslöffel Honig

275 g Vollkornmehl

75 g Weizenmehl

2 Teelöffel Backpulver

1 Teelöffel gemahlener Zimt

½ Teelöffel gemahlene Nelken

½ Teelöffel gemahlener Ingwer

½ Teelöffel gemahlene Muskatnuss

5 Eier, verquirlt

3 Esslöffel gemahlene Mandeln

50 g Sultaninen

550 g säuerliche Kochäpfel, geschält, entkernt und klein geschnitten

4 Esslöffel Milch

3–4 Esslöffel Mandelblättchen, geröstet

Puderzucker zum Bestäuben

eine quadratische Backform, 23 cm, gebuttert und leicht bemehlt

Ergibt 16 Quadrate

Sie sollten hier süße Tafeläpfel verwenden, weil die ihre Form behalten – anders als Kochäpfel, mit denen der Kuchen nass und matschig werden kann. Je nach Größe der Auflaufförmchen, die Sie verwenden, reicht das Rezept für vier oder sechs Portionen. Sie können die Küchlein im Voraus zubereiten, aber lassen Sie sie in den Förmchen und erhitzen Sie sie im warmen Backofen vor dem Herausnehmen und Servieren.

Gestürzte Apfel-küchlein

175 g Butter und zusätzlich zum Einfetten der Förmchen

100 g feiner Roh-Rohrzucker

350 g Tafeläpfel, z. B. Braeburn oder Cox Orange, geschält, entkernt und in grobe Stücke geschnitten

fein geriebene Schale einer halben Zitrone

½ Teelöffel gemahlene Muskatnuss

½ Teelöffel gemahlener Zimt

25 g Walnusshälften

115 g extrafeiner Zucker

115 g Mehl

2 Teelöffel Backpulver

2 Eier

Für die Ingwercreme:

4 Esslöffel Crème fraîche

2 Stücke in Sirup eingelegter Ingwer, abgetropft und fein gehackt

1 Teelöffel Sirup vom Ingwer

6 Auflaufförmchen à 150 ml oder 4 Auflaufförmchen à 235 ml, leicht gefettet

4–6 Portionen

Den Backofen auf 180 °C vorheizen.

Den braunen Zucker und 60 g der Butter in einem Topf mit schwerem Boden mit 2 Esslöffeln Wasser schmelzen lassen. Langsam zum Kochen bringen und ca. 1 Minute lang kochen lassen bzw. so lange, bis die Mischung karamellisiert hat. In jedes Auflaufförmchen 1 Esslöffel der Karamellsoße geben, den Rest beiseite stellen.

Die Äpfel, die Zitronenschale, die Gewürze und die Walnüsse in einer großen Schüssel vermischen. Auf die Förmchen verteilen.

Für den Teig die restliche Butter, den extrafeinen Zucker, das Mehl und das Backpulver in der Küchenmaschine ein paar Sekunden lang vermischen. Die Eier hinzufügen und weitere 10–15 Sekunden lang rühren. Nur so lange rühren, bis sich alles miteinander verbunden hat. Den Kuchenteig in die Förmchen füllen. Auf ein Backblech stellen und im vorgeheizten Backofen 15–20 Minuten lang backen. Der Teig ist gar, wenn er auf leichten Druck nachgibt.

In der Zwischenzeit die Ingwercreme zubereiten. Crème fraîche, gehackten Ingwer und Ingwersirup miteinander vermischen. Die Küchlein aus dem Backofen nehmen und mit einem Messer um die Ränder fahren. Ca. 5 Minuten ruhen lassen. Zum Servieren auf Desserteller stürzen, die erhitzte Karamellsoße darüber träufeln und auf jedes Küchlein einen Löffel der Ingwercreme setzen.

Für diesen Kuchen verwenden Sie am besten Blutorangen, falls Sie sie bekommen. Sie besitzen einen fruchtig-herben Geschmack, der ein wenig an Himbeeren erinnert, und eine göttliche Farbe. Die Tatsache, dass sie nicht das ganze Jahr über erhältlich sind, sondern nur für wenige Monate, macht sie wirklich zu etwas ganz Besonderem.

Mandel-Orangensirup-Kuchen

Den Backofen auf 180 °C vorheizen.

Die Mandeln in der Küchenmaschine fein hacken. In eine Schüssel umfüllen und mit dem Mehl, dem Backpulver und dem Zucker vermischen.

Die Butter mit der Orangenschale 1 Minute lang schlagen. Danach die Eier einzeln zugeben und jeweils gut unterschlagen. Die Mandelmischung in zwei Portionen gründlich unterschlagen. In die vorbereitete Backform füllen. Den Kuchen im vorgeheizten Backofen 45 Minuten lang backen, bis er goldgelb ist. Den Kuchen aus dem Backofen nehmen und mit einem Zahnstocher oder Schaschlikspieß überall einstechen.

Für den Sirup den Orangensaft und den Zucker in einem kleinen Topf erhitzen. Rühren, bis sich der Zucker aufgelöst hat. Sobald die Flüssigkeit kocht, den Topf vom Herd nehmen und den Sirup über den Kuchen gießen.

Den Kuchen in der Form abkühlen lassen und anschließend mit den Mandelblättchen bestreuen. In Stücke schneiden und mit Crème double servieren.

250 g blanchierte Mandeln

225 g extrafeiner Zucker

50 g Mehl

½ Teelöffel Backpulver

250 g weiche Butter

1 Esslöffel fein geriebene Orangenschale

4 Eier

60 g gehobelte Mandeln, leicht geröstet

Crème double zum Servieren

Für den Orangensirup:

65 ml frisch gepresster Orangensaft

55 g extrafeiner Zucker

eine Springform mit 22 cm Durchmesser, leicht gefettet

8 Portionen

Diese Art, einen Rührteig herzustellen, ist in Italien weit verbreitet. Dieser Kuchen aus der Toskana besitzt einen sehr leichten Teig und ist mit saftigen Apfelstücken übersät. Statt des Nelkenpulvers können Sie auch Zimt verwenden, aber dann etwas mehr, weil Zimt weniger durchdringend ist. Italienische Köche fügen manchmal noch frischen, fein gehackten Rosmarin hinzu, was dem Kuchen einen ganz besonderen Geschmack verleiht.

Apfel-Zitronen-Kuchen

100 g Butter

4 süße Tafeläpfel, z. B. Cox Orange

fein geriebene Schale von 2 Zitronen und frisch gepresster Saft einer halben Zitrone

¼ Teelöffel gemahlene Nelken

4 Eier

150 g extrafeiner Zucker

150 g Mehl

1 Teelöffel Backpulver

1 Prise Salz

3 Esslöffel Aprikosenkonfitüre, erwärmt und glatt gerührt

eine Springform mit 23 cm Durchmesser, gut gebuttert und der Boden mit Backpapier ausgelegt

8 Portionen

Die Butter in einem Topf zerlassen, dann beiseite stellen und abkühlen lassen. Die Äpfel schälen, entkernen und in mittelgroße Stücke schneiden. In einer Schüssel mit der Zitronenschale, dem Nelkenpulver und dem Zitronensaft vermengen.

Die Eier und den Zucker in eine hitzebeständige Schüssel geben und auf einen Topf mit siedendem Wasser setzen. 15 Minuten lang verquirlen. Die Masse sollte glänzend, dick und blass sein und ihr Volumen verdoppelt haben. Sie sollte Fäden ziehen, wenn der Schneebesen herausgehoben wird. Die Schüssel vom Wasserbad nehmen und weitere 5–10 Minuten lang schlagen, bis die Schaummasse abgekühlt ist.

Den Backofen auf 180 °C vorheizen.

Mehl, Backpulver und Salz in eine große Schüssel sieben. Behutsam die Hälfte des Mehls unter die Schaummasse heben. Die abgekühlte zerlassene Butter am Rand in die Mischung gießen und ebenfalls unterheben. Dann das restliche Mehl und zwei Drittel der Äpfel unterheben. Dabei muss man sehr vorsichtig vorgehen, denn es soll so viel Luft wie möglich im Teig bleiben. Die restlichen Äpfel in die Backform füllen, dann den Kuchenteig darüber gießen. Im vorgeheizten Backofen 40 Minuten lang backen, bis der Teig aufgegangen und goldbraun ist. In der Mitte sollte er fest sein.

5 Minuten lang in der Form stehen lassen, dann zum Abkühlen auf ein Kuchengitter stürzen. Kurz vor dem Servieren mit der Aprikosenkonfitüre bestreichen.

Einen süßen Kuchen mit einem Gemüse zu backen, das normalerweise in herzhaften Gerichten verwendet wird, hat etwas liebenswert Altmodisches und erinnert an Kochbücher aus den 1950er-Jahren. Die Zucchini erfüllen hier natürlich denselben Zweck wie die geriebenen Karotten in dem geläufigeren Möhrenkuchen: Sie halten den Kuchen herrlich frisch und saftig.

Zitronen-Zucchini-Mohn-Kuchen

Den Backofen auf 190 °C vorheizen.

Den Mohn und die Zitronenschale in eine kleine Schüssel geben. Die Milch heiß werden lassen und mit dem Mohn verrühren. Abkühlen lassen und währenddessen den Kuchenteig zubereiten.

Butter und Zucker schaumig rühren. Die Eigelbe einzeln unterschlagen, anschließend das Vanillearoma, das mit dem Backpulver vermischte Mehl und die gemahlenen Mandeln. Die Zucchiniraspel und dann die Mohnmischung unterheben. In einer separaten, fettfreien Schüssel das Eiweiß mit dem Weinsteinbackpulver steif schlagen. Den Eischnee unter die Teigmischung heben. In die vorbereitete Backform füllen und glatt streichen.

Im vorgeheizten Backofen 50–60 Minuten lang backen, bis der Teig sich fest anfühlt. Mit einem Schaschlikspieß Garprobe machen. Den Kuchen 10 Minuten lang in der Form abkühlen lassen, anschließend auf ein Kuchengitter stürzen.

Wenn der Kuchen abgekühlt ist, den Puderzucker in eine Schüssel sieben, eine Vertiefung hineindrücken und die noch heiße zerlassene Butter hineingießen. Das Ganze vermischen und so viel Zitronensaft zugeben, dass sich ein streichfähiger Guss ergibt. Die Zitronenschale untermischen und den Kuchen mit dem Guss bestreichen. Vor dem Servieren 1–2 Stunden lang fest werden lassen.

30 g Mohn

fein geriebene Schale von 2 Zitronen

80 ml Milch

250 g weiche Butter

280 g feiner Roh-Rohrzucker

4 große Eier, getrennt

½ Teelöffel Vanillearoma

200 g Mehl, gesiebt

2 Teelöffel Backpulver

80 g gemahlene Mandeln

250 g Zucchini, geputzt und grob geraspelt

½ Teelöffel Weinsteinbackpulver

Für den Guss:

220 g Puderzucker

25 g zerlassene Butter

1 Teelöffel fein geriebene Zitronenschale

2–3 Esslöffel frisch gepresster Zitronensaft

eine Springform mit 23 cm Durchmesser, gebuttert und der Boden mit Backpapier ausgelegt.

8–10 Portionen

Widerstehen Sie der Versuchung, für diese Süßspeise große Feigen zu verwenden, denn sie werden aufplatzen und dadurch den Eischnee am Festwerden hindern – die Meringe wird nass werden. Suchen Sie stattdessen nach kleinen, sehr dunklen Feigen, denn die passen perfekt zum Karamellgeschmack der goldgelben Meringe.

Meringe mit Walnüssen und frischen Feigen

150 g Walnusshälften

8–10 kleine, schwarze frische Feigen, halbiert

6 Eiweiß von großen Eiern

230 g feiner Roh-Rohrzucker

einen Kreis aus Backpapier mit 23 cm Durchmesser

8–10 Portionen

Den Backofen auf 180 °C vorheizen.

Die Walnüsse auf ein Backblech legen und im vorgeheizten Backofen 5 Minuten lang rösten, bis sie gerade anfangen, goldgelb zu werden. Herausnehmen und abkühlen lassen. Den Backofen nicht ausschalten.

Die Eiweiße in einer großen, fettfreien Schüssel halbsteif schlagen. Den Zucker löffelweise zugeben, jeweils gründlich unterschlagen und so lange fortfahren, bis der ganze Zucker verbraucht und die Baisermasse dick, luftig und karamellfarbig ist. Die Feigen und Walnüsse unterheben.

Den Kreis aus Backpapier auf ein Backblech legen und die Baisermasse mit einem großen Löffel darauf verteilen. Mit der gewölbten Seite des Löffels Vertiefungen und Spitzen formen.

Im vorgeheizten Backofen 40–45 Minuten lang backen, bis die Spitzen der Meringe goldbraun sind. Ein großes Messer unter die Meringe schieben, um sie vom Backpapier zu lösen, und die Meringe auf eine Servierplatte setzen. Warm servieren.

Dieses Rezept ist in Wirklichkeit nur ein Vorwand dafür, jede Menge frischer Erdbeeren und Sahne zu essen. Sie müssen keine perfekte Meringe zu Stande bringen: Diese Süßspeise soll unordentlich aussehen. Man soll sie verspeisen wollen und keine Angst davor haben, sie zu berühren. Es macht nichts, wenn das Baiser bricht oder nicht knusprig ist – das soll es auch nicht.

Erdbeer-Baiser-Rolle

3 Eiweiß

1 Teelöffel Stärkemehl

170 g extrafeiner Zucker und zusätzlich 2 Teelöffel

125 ml Schlagsahne

3 Esslöffel Puderzucker und zusätzlich zum Bestäuben

250 g Erdbeeren, entstielt und in Scheiben geschnitten

ein mit Backpapier ausgelegtes Backblech, mit 1 Teelöffel extrafeinem Zucker bestreut

4–6 Portionen

Den Backofen auf 120 °C vorheizen.

Das Eiweiß mit dem Stärkemehl in einer fettfreien Schüssel halbsteif schlagen. Den Zucker esslöffelweise hinzufügen und jeweils gründlich unterschlagen. Den Eischnee so lange schlagen, bis sich keine Zuckerkristalle mehr ertasten lassen, wenn man den Schnee zwischen zwei Fingern verreibt. Den Eischnee mit einem großen Metalllöffel auf das vorbereitete Backblech geben und mit einem Palettenmesser glatt streichen. Sie benötigen ein Rechteck, das ca. 20 x 30 cm groß und nicht dicker als 1 cm ist.

Das Baiser im vorgeheizten Backofen 20 Minuten lang backen, bis es gerade fest geworden ist und die Farbe von hellem Karamell angenommen hat. Es sollte sich nicht mehr klebrig anfühlen.

Einen zweiten Bogen Backpapier, der etwas größer ist als die Baiserplatte, mit einem Teelöffel Zucker bestreuen. Das Backblech schnell umdrehen und das Baiser auf das Backpapier stürzen. Auf die Unterseite des Bleches klopfen, damit das Baiser an einem Stück abgeht. Den oberen Bogen Backpapier ablösen und die Baiserplatte mit dem unteren Bogen Backpapier fest aufrollen. In ein sauberes Geschirrhandtuch wickeln. Beiseite stellen und vollständig abkühlen lassen.

Die Schlagsahne mit dem Puderzucker steif schlagen. Das Baiser auseinanderrollen. Die Sahne aufs Baiser streichen, dabei einen ca. 2 cm breiten Rand lassen. Die Erdbeeren auf der Sahneschicht verteilen und das Ganze aufrollen. Großzügig mit Puderzucker bestäuben und vor dem Servieren in dicke Scheiben schneiden.

Register

Quellennachweise

Rezepte

Maxine Clark
Ananas-Rum-Betty mit Kokosnuss
Apfel-Brombeer-Crumble
Apfel-Karamell-Crisp
Apfel-Zitronen-Kuchen
Beeren-Cobbler
Blaubeer-Zitronen-Cobbler
Brombeer-Cobbler
Birnen-Cobblers mit Ahornsirup und Pekannüssen
Birnen-Schokoladen-Crumble
Bourbon-Birnen mit Mandelstreuseln
Cranachan Crumble
Cranberry-Apfel-Cobbler
Cranberry-Orangen-Auflauf mit Streuseln
Crisp mit Äpfeln, Backpflaumen, Armagnac und Filoteig
Einfacher Pflaumen-Crumble
Gebutterter Aprikosen-Betty
Gedämpfter Pudding mit Schokolade, Orangen und Datteln
Kirsch-Clafoutis
Kleine Himbeer-Rosen-Cobblers
Mandel-Aprikosen-Slump
Mango-Kokosmakronen-Crisp
Melasse-Bananen-Cobbler
Nektarinen-Ingwer-Crisp
Pfirsich-Amaretti-Crisp
Pfirsichtarte
Pflaumen-Haselnuss-Pandowdy
Rhabarber-Orangen-Crumble
Stachelbeer-Ingwer-Crumble
Tarte mit beschwipsten Birnen
Toffee-Bananen-Crumbles
Trockenfrüchte-Glühwein-Crumble

Laura Washburn
Apfel-Brombeer-Crumble
Apfel-Betty mit getrockneten Cranberrys
Apfelstrudel mit Krokant
Apfeltarte
Apple Dappy
Birnen-Mandel-Tarte
Birnen-Feigen-Clafoutis
Birnen-Slump
Gebackene Pflaumen in Blätterteig
Gewürz-Apfelkuchen
Holländische Apfel-Pie
Klassische Apfel-Pie
Pfirsich-Cobbler
Tarte Tatin

Ross Dobson
Apfel-Blaubeer-Törtchen
Birnenkuchen mit Ingwerstreuseln
Birnentarte mit Mandeln und Mascarpone
Brioche-Auflauf mit Brombeeren
Brombeer-Crumble
Croissant-Auflauf mit Feigen und Honig
Dunkle Apfel-Pie
Erdbeer-Baiser-Rolle
Erdbeer-Buttermilch-Kuchen
Granny-Smith-Blaubeer-Auflauf
Himbeer-Mandel-Tarte
Himbeer-Pfirsich-Kuchen
Kirsch-Clafoutis
Kirsch-Ricotta-Strudel
Mandel-Orangensirup-Kuchen
Marokkanische Apfel-Pie
Meringe mit Walnüssen und frischen Feigen
Nektarinen-Pistazien-Crumble
Verkehrter Pfirsichkuchen

Brian Glover
Kleine Brombeer-Zitronen-Aufläufe
Zitronen-Zucchini-Mohn-Kuchen

Caroline Marson
Gestürzte Apfelküchlein
Törtchen mit Cranberrys und karamellisierten Birnen

Fiona Beckett
Tartelettes mit Birnen, Gorgonzola und Pekannüssen

Tessa Bramley
Knuspriger Himbeer-Apfel-Cobbler

Tonia George
Nussiger Pflaumen-Crumble

Fotografien

Hg. = Hintergrund

Martin Brigdale
S. 20 kleines Bild, 119, 120, 142 kleines Bild

Peter Cassidy
Vorsatzpapier. S. 6 Reihe 1: Mitte links und Mitte rechts, 6 Reihe 2: links und Mitte links, 6 Reihe 3: links, Mitte links und rechts, 6 Reihe 4: alle, 7–11, 14, 15 kl. Bild, 16 kl. Bild, 17, 18, 19, 22, 23 kl. Bild, 24, 25, 29, 30, 31 kl. Bild, 32, 33, 34, 35 kl. Bild, 36–39, 40 kl. Bild, 41, 43 kl. Bild, 44, 46, 47 kl. Bild, 49, 50, 52 kl. Bild, 53–63, 64 kl. Bild, 65, 66, 67, 69, 70, 73, 74, 75 kl. Bild, 76 kl. Bild, 77, 79, 81 kl. Bild, 82, 83, 84, 86 Hg., 87, 89, 96, 99, 100, 101, 102 kl. Bild, 106, 110, 114–117, 118 kl. Bild, 122 Hg., 124–127, 129 kl. Bild, 131, 135, 144, 147, 149, 152, 153 kl. Bild, 157 Hg., 158–160

Jean Cazals
S. 151

Lisa Cohen
S. 146 kl. Bild

Tara Fisher
S. 86 kl. Bild, 133 kl. Bild

Christine Hanscomb
S. 45

Richard Jung
S. 1, 2, 3 kl. Bild, 4, 5, 6 Reihe 1: links, 6 Reihe 2: Mitte rechts und rechts, 6 Reihe 3: Mitte rechts, 12 kl. Bild, 13, 21, 68 Hg., 71, 72 kl. Bild, 78, 80, 88, 90 kl. Bild, 91, 92, 94 kl. Bild, 95, 104, 112, 122 kl. Bild, 123, 128, 134, 136, 138 kl. Bild, 139, 140, 141, 143, 145, 148, 155, 156, 157 kl. Bild

William Lingwood
S. 93 kl. Bild, 109 kl. Bild, 150 kl. Bild

David Munns
S. 42, 132

© Steve Painter
S. 98, 103

William Reavell
S. 26, 27 kl. Bild, 68 kl. Bild, 113 kl. Bild, 137 kl. Bild

Claire Richardson
S. 154 kl. Bild

Kate Whitaker
S. 2 Hg., 12 Hg., 15 Hg., 16 Hg., 20 Hg., 23 Hg., 27 Hg., 28, 31 Hg., 35 Hg., 40 Hg., 43 Hg., 47 Hg., 48, 51, 52 Hg., 64 Hg., 72 Hg., 75 Hg., 76 Hg., 81 Hg., 85, 90 Hg., 93 Hg., 94 Hg., 97, 102 Hg., 105, 107, 108, 109 Hg., 111, 113 Hg., 118 Hg., 121 Hg., 129 Hg., 130, 133 Hg., 137 Hg., 138 Hg., 142 Hg., 146 Hg., 150 Hg., 153 Hg., 154 Hg.

Polly Wreford
S. 6 Reihe 1: rechts, 121 kl. Bild